關鍵時刻

創造人生1%的完美瞬間，取代99%的平淡時刻

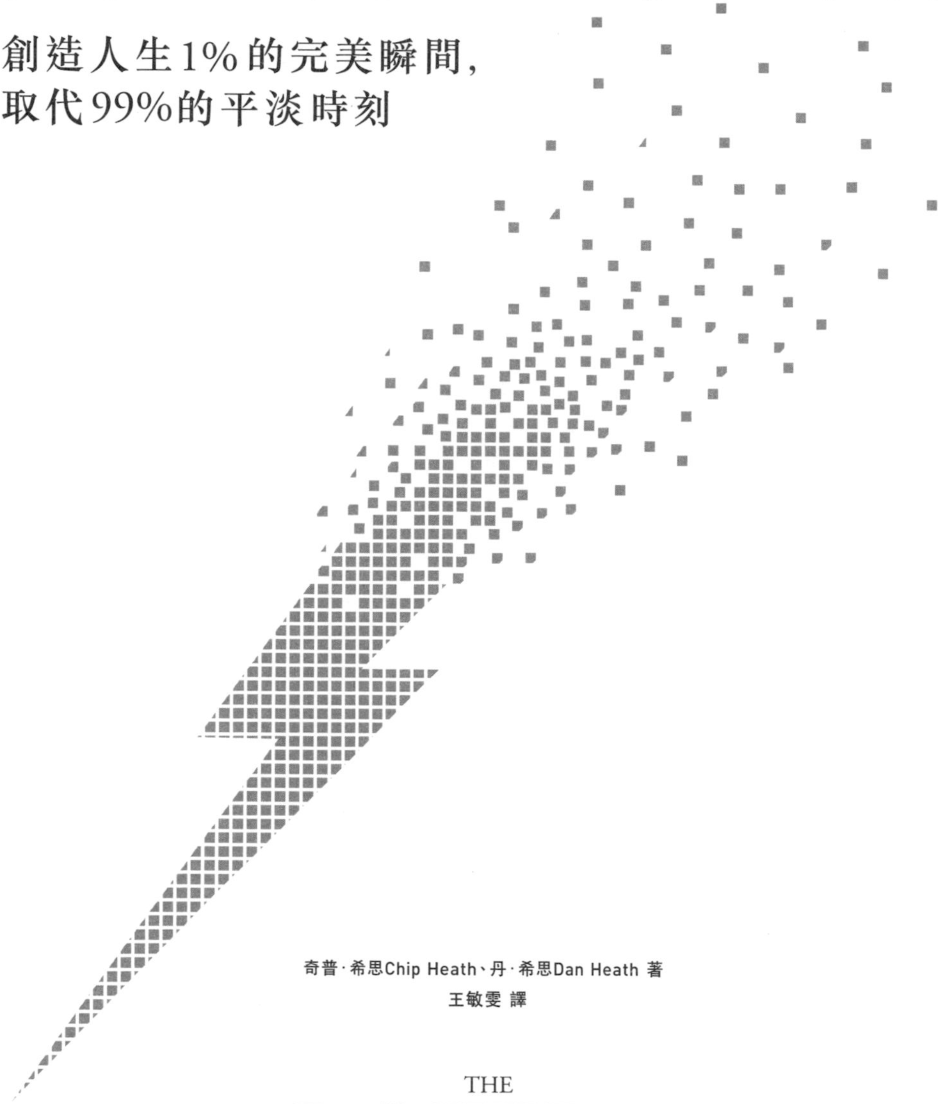

奇普·希思Chip Heath、丹·希思Dan Heath 著
王敏雯 譯

THE POWER OF MOMENTS

Why Certain Experiences Have Extraordinary Impact

目次

第八章・創造更多的里程碑 158

成功源自於想跑到終點的企圖與堅持，途中每一個「可以征服、也值得征服」的里程碑，正是驅使我們不放棄、再加把勁的動力！

第九章・鍛鍊勇氣 174

你無法製造「勇氣的時刻」，卻可以鍛鍊勇氣，以備不時之需。如此一來，當需要勇氣的那一刻來臨時，便可從容應對。

推薦序

改變，就有故事

自由作家／跨領域培訓教練
洪震宇

我是一個教說故事的人。我的對象包括企業、公益團體、各領域專業工作者，甚至還有大學教授。我最常讓學員演練的題目，就是改變現狀的關鍵時刻是什麼？有什麼最難忘的挑戰與轉折。

其實，在說故事教學這條路上，我也經歷關鍵時刻的轉折。

五年前，我開始推出說故事公開班。很幸運接連幾班都額滿，教學內容也頗獲好評，但我覺得還有改善空間，因為講述時間太長，說故事的方法稍微抽象，學員演練時缺乏具體步驟，造成課後實際運用的效果有限。

後來報名狀況開始起起伏伏，我內心不免焦慮，卻找不到改善教學的方法，也懷疑是否還要經營下去。

有一天拜訪只見過一次面的朋友，他是故事工廠藝術總監黃致凱。我向他請教創辦劇團的過程，以及如何產生創意，聊著聊著，他提到曾幫他的老師，已故戲劇大師李國修編著一本《李國修編導演教室》，自己很多想法都來自這本書的啟發。

為了教學，我已閱讀數十本談如何說故事的書，還是好奇李國修老師如何從舞台劇角度談說故事。

我馬上買書研讀。雖然書中內容沒有超出我的預期，卻注意到書上有一些表格，例如發生的事件，角色當下的處境與目標，整理成一目了然的內容，有助於讀者理解。

我突然有了頓悟，為什麼不用表格幫助學員說故事時有具體參照的步驟呢？我仔細思索表格要如何呈現，例如劇情需要三幕劇的轉折，每一幕有外在引發的事件、主角內心想法，以及展開具體行動的情節。

我拿筆在紙上隨意畫著，三×三，不就是九宮格嗎？先排好九宮格的順序，再將故事套入，一步一步推敲、解析與修正，故事九宮格的架構就出來了。

故事九宮格是我在教學上的重大突破。這是一套精確的思考與表達流程，九格彼此環環相扣，一步一步引導學員思考與討論，將原本紛亂的經驗，有系統地梳理、詮釋，剪接成精彩生動的故事。

有了九宮格的輔助，我也大幅調整課程內容。經過實地測試，學員說故事的品質大幅提升，表達更有自信，有學員告訴我，準備提案與簡報時，會用九宮格來思考，幫助他釐清重點，表達更聚焦。

課程因此有了改變，逐漸累積知名度與口碑，陸續有不同企業邀我開課。例如鋼鐵、醫療、高科技、保險、餐飲、超商與彩妝保養等等，我需要深入了解他們的問題與需求，量身訂做課程內容，也讓九宮格有各種變形，才能幫助學員有步驟的依循，也讓我持續精進教學方法，帶來更多教學與顧問的機會。

故事九宮格怎麼產生的？真的是意外！如果那天沒去找黃致凱，他沒提到李國修老師的書，我沒有好奇心，花時間閱讀研究，就不會產生聯想，課程就無法突破。

我難忘這個關鍵時刻，更讓我擁有一個逆轉的故事。

人生大部分的時間是紛雜瑣碎，你可能會忘記這些平凡片段，卻總有幾個關鍵的非凡時刻，讓你記憶猶新，也創造你的人生故事。

我的故事，就印證了本書所強調，關鍵時刻是指難忘又有意義的短暫經驗，也許在你的一生中，能用來定義你這個人的時刻有十幾次，這些就是你的重要關鍵時刻。

這些關鍵時刻一定具有四個關鍵字。

一、提升（Elevation）：跳脫日常慣例，瞬間改變你的感受與想像。例如我發現要用具體的學習步驟，才能幫助學員提升說故事能力。

二、洞察（Insight）這些時刻重新設定我們對自身或這個世界的理解，讓我們的洞察力敏銳又清晰。就像我洞察到表格的簡單力量，因此歸納發展出故事九宮格，重新運用在教學上。

三、榮耀（Pride）：有了非凡洞察，更帶動行動的勇氣，展現我們追求成就的最佳狀態，創造人生里程碑。我開始將九宮格的模式大量運用在各種培訓教學上，讓學員們可以有效學好說故事，展現自己的專業與特色。

四、連結（Connection）：我們不只躲在自己的小宇宙，更會與他人產生深刻連結，強化更大的影響力。比方我將說故事能力應用在銷售、領導與團隊溝通，改善企業的運作，甚至提升大學教授的教學設計，幫助他們精進教學技巧，提升學生的學習能力。

本書在這個大轉型、變動無常的時代，更具意義。

作者希思兄弟強調，關鍵時刻並不是達成某個目的的手段，關鍵時刻本身就是意義。我們的人生並非只能虛耗空轉，而是可以刻意跳脫一成不變的現狀，為了家人、他人，甚至你自己，創造難忘而有意義的經驗，這個過程就值回票價。

希思兄弟引用《驚奇的力量》（*Surprise*）一書所說，「我們在面對確定的事物時最感自在；但當事態不確定時，卻最有活力。」

你會如何定義你的人生？你將如何創造最有活力的時刻呢？

你自己就是答案，期待聽你分享改變現狀的故事。

推薦序

打造情緒顛峰的片刻，創造令人難忘的回憶

財報狗行銷經理
林威宇

還記得上一次你向朋友推薦的東西是什麼嗎？是一間裝潢漂亮、餐點又好吃的餐廳、一部好笑的影片，還是一款新上市的遊戲？能夠大規模地擴散口碑，是每個產品行銷人員希望達成的目標，包括現在幾間成長最快的公司，例如 Airbnb、Uber，都是依賴大量的口碑行銷，達到高速的成長和擴張。

身為產品行銷人員，我們都希望使用者能向朋友推薦我們的服務，不管是網路服務、餐酒館、健身房，甚至是百貨公司。如果我們能夠打造出一個讓使用者願意口耳相傳的產品，那就可以在投入少少廣告甚至不用廣告的情況下，創造出許多宣傳以及正面的口碑。

但回到我們自身向朋友推薦的經驗，你還記得當時是怎麼推薦東西的嗎？如果你像我一樣，那你大概不會從第一次接觸這項產品開始，從頭到尾鉅細靡遺地描述每個細節，而是會挑出你覺得最值得一提的幾個經驗，向對方分享你對這項產品感到驚喜的時刻。

在網路行銷領域，有一個詞叫 Aha-moment，它指的是使用者覺得「哇！原來這產品提供的服務這麼棒」的時刻。當使用者體驗過了 Aha-moment，他便有很高的機會會留下來，繼續使用你的產品。

在一段體驗中，我們的情緒感受時時刻刻都在變化。但當事後回想起這段體驗，我們對它的評價不會是整段體驗的平均，而是會根據它的巔峰（不管是最好或是最壞的時刻），以及結尾，做出最後的評價。我們對過去經驗的記憶取決於這個經驗巔峰和結尾，事件過程幾乎沒有影響。

舉例來說，想像我們統計去迪士尼樂園每一秒的快樂程度，可能會發現在迪士尼的大多數時間，沒有比在家躺在沙發上更快樂。你不用在大熱天頂著烈日摩肩接踵地走路排隊，也不用為了買支熱狗花十幾塊美金。大多數的時間裡，說不定躺在沙發看電視吃冰淇淋會更愉快。但是，當我們事後回憶這段迪士尼樂園的體驗，它很有可能這是我們這一年中最好的回憶。當我們去回想一段經驗的時候，並不是把每一刻的情緒做平均，而是只回憶了某些特定的情境、畫面跟瞬間。

卓越的體驗取決於情緒的高峰時刻，但它其實不是每一刻都是卓越的。只要有某些時刻非常特別，人會忘記大部分平庸的時刻。如果你也希望你的服務或產品能夠創造出更好的口碑，或是好奇為什麼像迪士尼樂園能打造出令人難忘的體驗，我相信看完這本書，你會非常有收穫。

本書作者奇普・希思和丹・希思兩兄弟寫過許多關於行為心理學的書，每一本我都很喜歡。這本書當初英文版一上市我就買了，看完後，完全改變了我對產品設計的想法。

一般的產品設計人員所受的訓練是解決使用者的痛點，我們調查使用者的痛點，然後解決它。但是解決問題並不會使人們對這項服務難忘，讓人難忘的是關鍵時刻。如果我們想要給使用者卓越的體驗，我們必須要學會以「片刻」為單位進行思考，打造令人難忘的瞬間。

這本書整理了關鍵時刻的四個要素：提升、洞察、榮耀跟連結，詳細說明這四個要素在關鍵時刻中扮演的角色，以及我們可以如何利用它。配合書中豐富的案例，相信大家在看完這本書後，就能對這些要素構成的框架有深刻的了解。不只是為你的顧客打造令人難忘的關鍵時刻，也可以為你生活周遭的人，一起創造難忘的共同回憶。

推薦序

覺察生活，創造屬於自己的關鍵時刻

生活美學作家
吳娮翎

人生的每個關鍵時刻，造就出我們今日的樣子，本書不只引領我們明白何謂「關鍵時刻」，更用例子來佐證觀點，讓我們得以明白，那些再日常不過的小事，正是決定我們人生的關鍵，關鍵時刻往往就在一念之間。

這是一本很實用的人生指南，從生活談論到職場，一開始印象最深刻的，就是書中舉例了尤金．歐凱利回憶錄《追逐日光：一位跨國企業總裁的最後禮物》，他寫下最後人生的故事。在他面臨疾病只剩下三個月可以活，他立即重新規劃人生目標，在家中的餐桌上畫了五個同心圓，來涵蓋他的人際關係，最核心的一圈是家人，他在剩餘的時間內，解開每一層關係，從最外圍開始，透過一通電話或是一頓飯解開這些關係，他決定用美好的方式來告別，最後的時間當然是保留給家人，在最後的日子，他覺得人生圓滿。他認為，在最後人生所創造的美好時光，比過往五年加起來更多，如果沒有被診斷出疾病，也許就這樣一日復一日過完一生。

讀到這一段很有感觸，因為我也在三十歲，年華正盛時得到癌症，在這個人生的關鍵時刻，我並沒有對生命的脆弱感到沮喪，反而把握活著的每一天，去做想做的事，並且全力以赴，我一直相信，不管是好事或是壞事都是對自己的一種考驗，我們的想法，決定我們的人生接下來怎麼過。

我們永遠不知道什麼是最好的？最差的？在人生還未終了之前，最差永遠有更差的時候，最好永遠也有更好的時候，端看我們自己是否把握了一念之間的關鍵抉擇，也許明白了這點，不必疾病來敲門，我們也能自覺到，每一刻我們都有機會創造屬於自己的關鍵時刻。

書中作者也列舉很多練習掌握關鍵時刻的方法，像是提升個人的覺察力，激發人的潛能，不要總是看著成功，偶爾也該看著逆境，關鍵時刻不只存在最風光的時候，有時候人生的谷底也是關鍵時刻，因為當跌到真正的谷底，關鍵時刻就能決定是否能脫離困境。

創造關鍵時刻的方法，就是顛覆常規，有記憶點的體驗，並不在於每個細節都有巧思，而在於一個讓人眼睛為之一亮的魔法時刻，增加感官吸引力並且顛覆腳本，讓人們在當中得到鼓舞與成就感。正面的鼓舞他人，也能為自己帶來能量，當然讚美他人不能流於形式，必須要直達內心，讓對方感受到被需要，真正得到了激勵。

這本書是一本很實用的生活應用指南，第一次讀建議可以先翻閱那些與生命有共鳴的故事，跳著閱讀，之後再看一遍，會很有收穫，這些不經意的日常，正是創造關鍵時刻的關鍵力量。

第一章　決定性的一刻

人生是以「片刻」為單位，而「關鍵時刻」則會是你永生難忘的記憶。那麼，我們該如何對抗平淡，創造出重要時刻？

提升升學意願的「高四生簽約日」

克里斯・巴比克（Chris Barbic）和唐諾・卡曼茲（Donald Kamentz）坐在休斯頓的某間小酒館裡放鬆，兩人這陣子為了新設立特許學校的事，每天要忙上十四個鐘頭。他們喝著啤酒，看ＥＳＰＮ上的體育節目，合吃一塊加熱後的冷凍披薩，那是這間酒吧唯一提供的食物。在二〇〇〇年十月的那個晚上，他們尚未意識到，待會兒一個靈光一閃的想法，將足以影響到數千人。

ＥＳＰＮ正在播「新生簽約日」（National Signing Day）的預告，是指即將畢業的高中足球員從那天開始，可以和某一所大學簽署「意向書」，成為該校的學生。這對大學美式足球的粉絲來說，可是個大日子。

卡曼茲看著熱鬧歡騰的新聞畫面，突然靈光乍現。「我們既然能用這種令人熱血沸騰的方式頌揚運動員，何不使用同樣的方式稱讚課業傑出的人呢？」當時他這樣想到。他們特許學校裡的學生大多來自低收入的西班牙裔家庭，很需要被鼓勵，更何況許多學生還是家中第一個拿到高中文憑的人。

巴比克成立了一間學校供這些學生就讀。他原本是當地一所小學的六年級教師，之後卻逐漸認清現實。「我看過太多學生興致勃勃去讀本地的初中，一心追尋夢想，但幾個月後，他們卻徹底失望了。」學生們回來找他，告訴他校園裡有幫派、嗑藥，還有人懷孕，實在令他難以接受。他知道自己僅有兩條路可走：要麼不再教書、放過自己，要不就是蓋一間學校，讓這些學生好好求學。因此，巴比克於一九九八年成立了YES Prep學校，而唐諾・卡曼茲是他最早聘用的員工之一。

那晚，他們在酒吧裡觀看預告全國簽約日的新聞時，靈機一動想到：「如果我們創造自己的『簽約日』，讓學生宣布自己上哪一所大學，那會怎麼樣呢？」他們可以在簽約日表彰每一位即將畢業的高四生（美國高中學制是九至十二年級），因為在YES Prep，畢業的前提是每個學生都得成功申請上大學，即使有些人最後決定不繼續升學。

他們反覆推敲這個想法，越想越興奮，最後決定叫它做「高四生簽約日」，在那一天，畢業在即的高四生會得到猶如大學運動員般的待遇，倍受矚目與讚揚。

半年後，二〇〇一年四月三十日，他們首度舉辦高四生簽約日。大概有四百五十人擠進了學校旁的社區中心，包含十七名畢業生和其家人，還有YES Prep體系內六年級到高三（十一年級）的每一個學生也都到場了。

這群高四生逐一站在舞台上，宣布自己秋天要去哪裡讀大學。「我叫艾迪・查芭達，今年秋天要去范德堡大學！」接著他們拿出印有那所大學校徽的T恤或飾品，而且許多學生把最後的決定當成祕密，連對朋友都隻字不提，因此有股懸疑的氣氛。一待宣布完，會場就會響起一陣歡呼。

稍後，這群學生坐在桌子旁，被家人圍繞簇擁著，在入學許可文件上簽名，確定今年秋天會入學。簽字那一刻激動的情緒讓巴比克深感震撼：「這個做法完全打動人心！全家人得為孩子做出多大的犧牲才有這一刻。沒人能孤軍奮戰，大家都出了一份力。」典禮近尾聲時，禮堂裡幾乎每個人都紅了眼眶。

高四生簽約日成為YES Prep學校體系每年最重要的活動。對高四學生來說，這項活動不只是慶祝，更象徵了最高成就的榮譽。但對低年級學生而言卻有不同的意義。第三屆高四生簽約日規模更大，移師到德州休斯頓大學的禮堂舉行，那天觀眾席中有個名叫瑪拉・法耶的六年級生首次參加簽約日的盛會，就此留下深刻印象。她記得自己當時想著：「我也可以做到。家裡沒人念過大學，但我想要站在台上。」

六年後，亦即二〇一〇年，畢業班的人數成長到一百二十六人，簽約日場面浩大到必須移師到可容納五千人的萊斯大學籃球場舉辦。那年有九成的畢業生是家中第一個上大學的人。

時任美國教育部長阿恩・鄧肯（Arne Duncan）擔任活動的主講人，見到這一幕相當感動。他扔掉原本的講稿，自由發揮說道：「沒有一場籃球或足球賽，足以比擬今天的場面或重要性……謝謝大家，你們不僅啟發了你們的兄弟姊妹和在場的學弟妹，也啟發了全國民眾。」

全場歡聲雷動。

其中一名畢業生便是瑪拉・法耶。距她幻想自己站在台上那一年，六年過去了，今天是她的重要日子。「大家午安，我叫瑪拉・法耶。」她說，綻開一朵大大的微笑。「今年秋天我要去念——康乃狄克學院！」這間文學院名列全美前五十名。

永生難忘的時刻可以自己創造

人的一生都會擁有這種決定性的時刻，這些深具意義的經驗將不會被你遺忘。很多時候它們被歸諸於機率，像是幸運地與今生的摯愛邂逅、新老師看出了連你自己都沒發現的天賦、某人驟逝讓你原本安穩的生活為之丕變、你發現自己想馬上辭掉現在的工作。這些時刻看似是命運的產物或運氣，或是由我們控制不了的更高力量介入。

但果真如此嗎？這些關鍵時刻只是碰巧發生在我們身上嗎？

高四生簽約日並非湊巧發生，而是巴比克和卡曼茲聯手為學生所打造的決定性一刻。當瑪拉・法耶和其他數百名YES Prep的畢業生走上舞台，猶如踏上了精心設計的關鍵時刻，雖說是事先規劃，卻依舊極為特別。那一刻讓他們永生難忘。

關鍵時刻形塑我們的人生，但我們無須靜待這種時刻來臨。我們可以自己動手寫下歷史性的一刻。如果說一位老師能設計一堂多年後仍讓學生回味不已的課，一名經理懂得將失敗轉化成讓員工成長的一刻，抑或是你能為子女創造永生難忘的回憶，豈不是很棒！

本書有兩大目標：首先，我們想確認關鍵時刻的共通特徵，究竟是什麼讓某段經驗變得令人難忘又富有意義？我們的研究顯示，關鍵時刻是由一組共同的要素組成。

其次，我們想證明，你也可以運用這些要素創造決定性的一刻。為什麼你會想創造這些時刻？為了讓生活更充實，或與他人連結，或者創造更多回憶，也可能是為了改善顧客、病患或員工的體驗。

人生是以片刻為單位，而關鍵時刻是你永生難忘的記憶。本書接下來會說明該如何創造更多這樣的時刻。

將「平常時刻」轉變為「難忘體驗」的四大要素

為什麼我們只記得某些經驗，卻忘記了其他的時刻？以高四生簽約日的例子來說，答案很清楚：這是一場規模盛大、情緒激昂的慶典，當然要比一堂分數乘法的課程更容易被記得。但就其他生活經驗而言，不論是度假或工作計畫，為什麼我們記得這個、卻不記得那個？就沒這麼容易釐清了。

針對令人費解的「記憶」，心理學家已經找到了答案，儘管未必符合一般人的認知。這麼說吧，你帶家人去迪士尼樂園玩。在那段時間裡，我們每小時傳一封訊息給你，讓你給那一個小時的體驗打分數。一分是很糟，十分是非常棒。不妨假設我們跟你聯繫了六次。那一天你是這樣過的：

上午九點：把小孩統統趕出旅館房間，有股興奮的氣氛。評為六分。

上午十點：一起搭「小小世界」的船，父母、子女都認為對方一定覺得很好玩。評為五分。

上午十一點：搭過太空山的雲霄飛車後，覺得多巴胺急速上升，孩子們要求再搭一次。評為十分。

中午：和孩子們享用園區昂貴的食物。要是小孩知道這是用打算供他們上大學的錢去買的，大概就不會這麼高興了。評為七分。

下午一點：已經在佛羅里達州中部攝氏三十五度高溫下，排隊等了四十五分鐘，還得想法子叫兒子別再咬欄杆。評為三分。

下午兩點：離開遊樂園的路上買了幾頂米老鼠耳朵的帽子，戴在小孩頭上好可愛喔。評為八分。

我們只要將這些分數加以平均，就能大致總結這一天的好壞。六．五分，還不賴的一天！

現在，假設我們幾星期後再傳簡訊給你，請你給迪士尼的整體經驗打分數，合理的答案應該是六・五分，因為這個分數涵蓋了一整天的好壞起伏。

但心理學家表示絕非如此。他們預測當你回想去迪士尼的那一日，你的總分會是九分！這是因為研究發現，我們在回想某次經驗時，會忽略大部分發生的事，只關注幾個特別的時刻。具體來說，有兩個時刻會從記憶中浮現：搭乘太空山的雲霄飛車，以及買米老鼠帽。為何這兩個片刻比其他片刻更重要？首先，我們得先探索心理學的基本原理。

想像一下，有項實驗要求受試者進行三次的痛苦試驗。第一個試驗，他們的雙手得浸在盛滿攝氏十四度冷水的桶子內六十秒之久（別忘了比起十四度氣溫，十四度的水在體感上冷得多）。

第二個試驗也差不多，但這次得浸上九十秒、而非六十秒，而在最後三十秒鐘，水溫會些微調高一度到攝氏十五度。雖然最後的半分鐘依然不太舒服，但大多數的受試者卻都覺得改善不少（請記住，研究人員會嚴謹地監控時間，而受試者則不會被告知時間過了多久）。

至於第三次痛苦實驗，則是讓受試者選擇要重複第一次或第二次試驗。

這是一個簡單的問題：兩項試驗都有歷時六十秒的相同痛苦，而第二項試驗雖稍微減輕痛苦卻增加了三十秒試驗時間。所以這就好像在問：你寧願被掌摑六十秒或九十秒？

結果，百分之六十九的受試者選擇時間較長的試驗。

委實令人難以理解，但心理學家已經找出原因。人們在評估一項經驗時，往往會忽略或忘記時間過了多久，這種現象叫做「過程忽視」（duration neglect）。人們反而是根據兩個主要時刻，來評估這次經驗：一、最好或最糟的時刻，稱之為「顛峰」；二、結束的時刻。因此，心理學家叫它做「峰終定律」（peak-end rule）。

回到試驗，受試者的記憶忽略了六十秒和九十秒的差別，這便是過程忽視。他們印象最鮮明的是，與第一個六十秒試驗相比，九十秒試驗接近尾聲時，明顯感覺比較好受（順帶一提，兩次試驗的痛苦高峰時間差不多，都在接近六十秒的時候）。

這項研究也間接說明了為何你在回顧迪士尼體驗時，只會記得太空山（顛峰時刻）和米老鼠耳朵（結束時刻），而其他事件則大多被淡忘。所以那天在你的記憶裡會遠比每小時的評分來得更愉快。

峰終定律適用於各式各樣的經驗，雖然相關研究大部分著重於可在實驗室裡進行的短期體驗，例如觀看短片、忍受惱人的聲音等等。但在較長的時間區間內，顛峰時刻仍然成立，唯獨「結束時刻」的相對重要性稍見衰退。

別忘了，開頭也很重要。舉個例子，若問畢業校友還記得大學時代的哪些事？足足有四成的回憶是落在九月！只不過，開始和結尾很可能會混淆，譬如你為了新工作從某地搬到另一個城市，到底算開頭還是結尾？抑或兩者都是？這就是為什麼最好用「轉換」或「過渡」一詞（*transition*），因為它包含了開始與結束。

由此可知，我們在評估某次經驗時，並非納入每一分鐘的感受後加以平均。更確切地說，我們是透過幾個較容易記住的重要時刻，像是顛峰、低谷，以及轉換的時刻當作參考。

服務業的成敗取決於顧客經驗，因此這個道理對從事服務業的人可謂至關緊要，不論是餐廳、醫療診所、電話客服中心或SPA水療館都一樣。以「魔法城堡飯店」為例，截至本書出版前，它在洛杉磯幾百間旅館中獲得前三名的好評，甚至贏過了位於比佛利山莊的四季酒店和麗思卡爾頓酒店。魔法城堡飯店獲得的評論令人讚嘆：在全球最大的旅遊網站TripAdvisor上的兩千九百多筆評論中，超過百分之九十三的旅客將這間飯店評為「極佳」或「很好」。

然而，要是你上網瀏覽這家度假飯店的照片，一定不會做出「這是洛杉磯數一數二的酒店」的結論。首先，飯店的庭院裡有個可媲美奧林匹克運動會的泳池，如果你希望奧運是在你家後院舉辦的話，應該會覺得不賴。再者，房間陳舊，家具擺設簡陋，牆上幾乎空空如也。事實上，這裡就連掛上「飯店」這個詞都稍嫌牽強，因為魔法城堡其實是從一九五〇年代的兩層樓公寓大樓改建而成，外牆漆成鮮亮的黃色。

重點不在於外觀，其實勉強也還算及格，它看起來就像是間還算體面、價格又實惠的汽車旅館。但它畢竟不是四季酒店，何況價格也沒特別便宜，跟希爾頓或萬豪酒店差不多。那麼，它為何會成為洛杉磯最受好評的旅館呢？

先從泳池旁圍牆上那支櫻桃紅的電話說起吧。你拿起話筒，接聽的人說：「哈囉，冰棒熱線！」你點了想要的東西，幾分鐘後，一個戴著白手套的員工就會為坐在泳池畔的你，送來櫻桃、柳橙或葡萄口味冰棒，還放在銀製托盤上，而且完全免費。

然後是點心菜單，琳瑯滿目的糖果和餅乾，從奇巧巧克力、麥根沙士到起司玉米條，全都可以免費點來吃。還有桌遊選單和DVD選單，全部免費租借。一週有三次，早餐時間會請魔術師來表演戲法。對了，剛提過你也能把髒衣服統統拿出來免費洗滌嗎？當天稍晚，你的衣服就會被包在牛皮紙內，用細繩和薰衣草小樹枝繫好，歸還給你，手法之隆重不亞於醫生將你第一個小孩交到你手裡。

旅客給魔法城堡飯店的評論都很開心。這讓魔法城堡搞懂了一件事：要想討好顧客，你不需要拘泥於每一個細節。顧客不會斤斤計較游泳池太小或房間布置乏善可陳，只要某些時刻充滿驚喜就好。很棒的服務體驗大部分轉頭即忘，偶一為之卻會令人留下精彩印象。

這麼問好了，當你撥打「冰棒熱線」，那是關鍵時刻嗎？以一生來看，絕對不是。（難以想像有人臨終時後悔地想：「要是當初選葡萄口味就好了……」）

但放在那段度假中呢？當然是關鍵時刻囉！度假回來的人和朋友聊起這趟加州南部的旅程，會這麼說：「我們去迪士尼玩，有看到好萊塢星光大道，住魔法城堡這間飯店，而且你一定不相信，泳池旁還有一台電話呢……」冰棒熱線是這趟旅程最美妙的幾件事之一，並且是經過巧妙安排，其他旅館或飯店壓根兒沒想到有這種戲法。（萬豪酒店的中庭也不錯，但你會對朋友不斷誇讚酒店的中庭有多棒嗎？）

我要說的很簡單：有些時刻就是比其他時候來得有意義。對觀光客來說，冰棒熱線的十五分鐘體驗會從兩週的假期中脫穎而出。對YES Prep的學生而言，高四生簽約日就是這趟七年旅程裡最重要的一個早晨。

我們很容易忽視這件事，以至不肯花心力去營造這樣的時刻。譬如某位老師規劃一學期的歷史課程，但他花在每一堂課的注意力都差不多，並未試圖創造幾個「顛峰」時刻。或是，某位行政主管帶領公司度過快速成長期，但這星期和下星期之間幾乎沒分別。又或是，我們和孩子共度每一個週末，但這些時光在記憶中卻糊成了一片。

我們該怎麼對抗平淡，創造出重要時刻？先從基本原則談起：我們如何定義「關鍵時刻」？這個詞常會用在許多地方，有些人用它來描述人格接受考驗的戲劇性時刻，像是士兵在戰場上展現勇氣。而有些人的用法比較寬鬆，形成如同「最佳歌曲」這類的同義詞。（例如在網路上用關鍵字搜尋，獲得結果包括「七〇年代電視的關鍵時刻」，這裡指的應該是決選名單。）

在本書中，關鍵時刻是指難忘又有意義的短暫經驗。（「短暫」在此是相對的，以一生的時間來看，一個月或許很短；但如果是一通協助顧客的電話，一分鐘也可能算短。）也許在你的一生中，能用來定義你這個人的時刻有十幾次，那麼那些就是你的重要關鍵時刻。如果背景脈絡是度假、赴海外求學一學期，或產品開發週期，那麼某些小經驗便是關鍵時刻，就像冰棒熱線。

這些時刻是由什麼組成，我們應該如何創造更多這樣的時刻？透過研究，我們發現關鍵時刻是由下列四個要素創造出來，但也有時僅需其中一項就能發生：

一、**提升（Elevation）：**

關鍵時刻跳脫了日常慣例，不僅挑起瞬間的快樂，比方聽到朋友的笑話笑了出來，也可能帶來難忘的喜悅。（你拿起紅色話筒，聽見對方說：「冰棒熱線，我們馬上來。」）為了建立提升的時刻，我們還可以強化感官上的愉悅，所以冰棒一定是要放在銀製托盤上送來，此外還可適時增添驚喜。稍後我們將會解釋，為何驚喜有可能扭曲我們對時間的觀感，為何大多數人最難忘的經驗會匯集於青少年時期？原因正是因為那段「提升的時刻」脫離了事情正常發展的軌跡，說它是「超凡」也不為過。

二、**洞察（Insight）：**

關鍵時刻重新設定了我們對自身或這個世界的理解。在幾分鐘或幾秒內，我們突然意識到某件事有可能左右未來數十年的生活，好比「現在就是我該創業的時候」，或「這就是我要嫁／娶的人」。

心理學家羅伊・鮑邁斯特（Roy Baumeister）曾研究「不滿的結晶化」[1]所催動的人生變化，像是人們在某些時刻赫然發現事情的真相，如同邪教成員忽然看穿領袖的真面目。儘管大部分洞察的時機彷彿是機緣巧合，但我們可以打造這樣的時刻，至少能先奠定地基。稍後會提到某個令人不快的故事，我們會看到一群協調人員如何帶動某個群體「自行發現真相」，點燃社會改革的火花。

三、**榮耀（Pride）：**

關鍵時刻呈現出我們贏得成就或展現勇氣的最佳狀態。為了創造這樣的時刻，我們必須了解榮耀的結構，據以設立每一個里程碑，好通往更遠大的目標。我們將探討「懶骨頭五公里慢跑計畫」（Couch to 5K program）為何如此成功，這遠比大聲疾呼叫人多跑步，更能激發動力。同時，亦將學習到有勇氣的行為會帶來哪些意想不到的漣漪效應？

四、**連結（Connection）：**

關鍵時刻會在社交場合發生，舉凡婚禮、畢業典禮、受洗、度假、職場上的勝利、猶太成年禮、演講、運動賽事等，都能因為我們願意與人分享，而增強了這些時刻的力量。那麼，是什麼觸發了連結？我們會看到某個滿厲害的實驗過程，讓互不相識的兩個人走進室內，四十五分鐘後走出來，已經結為好友。我們也會分析一個整合理論，有位社會科學家認為它足以解釋人際關係何以變得更強韌，不論是放在夫妻、醫生與病人、甚至顧客和店家之間都說得通。

關鍵時刻往往能激發正面情緒。在本書中，「正面的關鍵時刻」和「顛峰」這兩個詞將會交替使用。但我們也會提到一些負面的關鍵時刻，譬如某件丟臉或令人憤懣的事，讓你惱羞成怒，發誓要讓他們好看。還有一類情緒也很常見，那是內心受傷，使我們悲痛難抑的時刻。稍後，會有幾篇人們面對心理創傷的故事，不過，我們不會深入探究這類情緒，因為我們只想創造更多正面時刻，沒人會想常體會失落的滋味。附錄收錄了一些資源，對於遭受過創傷的人或許會覺得有幫助。

關鍵時刻不需要同時具備四種要素，但至少得有其中一種。比如說，洞察時刻是屬於私人的，不需要與外界產生連結；而有趣的時刻，像是打電話給冰棒熱線，則不太有洞察或榮耀的成分。

但某些強大的關鍵時刻則包含了上述四種要素。想想YES Prep學校的高四生簽約日：每個學生都有站在台上的一刻，是「提升」；某個六年級生想著我也可以，是「洞察」；被大學錄取，是「榮耀」；與觀眾席上幾千位支持者分享這一天，是「連結」。（參見第二六八頁的譯註，你可以更快記住這個關鍵時刻的架構。）[2]

有時候，這些要素只有你自己才知道。就像家中某個地方藏著一個藏寶盒，裡頭裝滿了對其他人來說毫無價值，卻是你非常珍惜的事物。它也許是一本剪貼簿、梳妝台某個抽屜裡的物品、擱在閣樓裡的某個箱子，或許你最愛的東西就貼在冰箱上，每天都可以看到。不論你的藏寶盒是什麼？放在哪兒？它裡面的東西很可能正包含了方才討論的四種要素：

- 提升：情書、票根、陳舊的T恤，或者孩子亂塗一通卻讓你不自禁微笑的卡片。
- 洞察：讓你感動的句子或文章、改變人生觀的書、記錄想法的日記。
- 榮耀：緞帶、成績單、感謝狀、證書、感謝函、獎章。（儘管沒什麼道理，但扔掉獎盃就是會感到難受。）

● 連結：婚禮或度假時拍的照片、全家福照、聖誕節時穿著醜斃了的毛衣拍下的相片。一大堆照片，要是房子著火了，搞不好你最先搶救的就是它們。

這些你想珍藏的事物，其實正是人生當中關鍵時刻的殘存證據。當你想起藏寶盒內的物品時，你的感覺是什麼？假如你能將這份感受傳給子女、學生、同事或顧客，又將如何？

每個關鍵時刻都彌足珍貴，若我們總是聽天由命，就會失去很多扭轉人生和改變命運的機會！老師給人鼓舞、照護者給人安慰、服務業的員工使人滿足、從政者帶動團結，而主管善於激勵。若無一點洞察力與先見之明，難以辦到這一切。

本書要談的就是這關鍵時刻的力量，以及形塑這些時刻的智慧。

第二章　以片刻為單位進行思考

假如人生是一篇散文，那麼每一個轉變、里程碑和低谷，都是為了能讓人們知道該在哪兒加個逗號或句點的片刻。

為人生加上標點符號的三大時刻

你還記得到現職公司上班的第一天，是什麼感覺嗎？這真是個特別的一天，要說它不是關鍵時刻，合理嗎？

我們聽過某些情緒還算平靜的員工談起第一天上班的情形，大致上是這樣：你出現了，但總機人員以為你下週才開始上班，倉促領你去某個座位，辦公桌上卻只擺著電腦螢幕和乙太網路線，缺了電腦主機，喔！還有一個長尾夾，椅子上留著前人坐過的凹痕，猶如人體工學形成的臀型化石。

你的上司還沒到，總機人員遞給你一份員工規範手冊，說道：「你何不先讀這個？幾小時後我再過來。」性騷擾防治政策的篇幅好長，鉅細靡遺的程度，讓你忍不住納悶同事們該不會有什麼問題吧。

這時，總算有個態度和善的同事走過來自我介紹，帶著你很快走過這層樓的辦公空間，打斷了正在工作的十一個人，好把你介紹給他們。你擔心自己才剛到職一個小時，便可能因此而惹惱了每一位同事。你很快忘記每個人的名字，只記得那個叫做萊斯特的人，性騷擾防治政策或許正是為了他而制訂？

以上這樣的描述聽起來沒錯吧？

員工的第一天上班日竟如此乏善可陳，真教人難以想像，這個讓新成員感到接納與重視的良機，就這樣白白浪費了。想像一下，用這種方式對待你首次約會的對象，「我還有好幾個會議要參與，你何不坐在副駕駛座上好好休息，幾小時後我就回來。」

我們必須了解何時是特殊的時刻，才能避免這種疏失發生。我們得學會以片刻為單位進行思考，才能覺察出哪些場合值得你投注心力。

這種「覺察關鍵時刻」的習慣也許稍嫌違背自然。畢竟在組織中目標是最重要的事，我們總是汲汲於達成目標，「時間」唯有當它能夠釐清或衡量目標時，我們才會覺得時間是有意義的。

但對於個人來說，決定性的瞬間卻是再重要不過的事。我們會記得某些時刻，也珍惜這些時光。當我們達到某項目標，不論是跑完一場馬拉松或搞定一位大客戶，都是值得好好慶祝一番的時機，這些吉光片羽的美好就存在於每個片刻當中。

每一種文化都有約定俗成的大日子。生日、婚禮、畢業典禮當然很重要，此外還有節慶、喪葬儀式和政治傳統，這些看似再「自然」不過的片刻，請注意，它們其實都是不知名的作者刻意建構或發明出來的，只為了讓某段時光更具體。所謂「以片刻為單位進行思考」便是這個意思，假如人生是一篇散文，它能讓人們知道該在哪兒加個逗號或句點。

我們會探討三種值得打上標點符號的情況：轉變、里程碑和低谷。象徵轉變的場合往往最能代表決定性的時刻。許多文化都有成年儀式，像是猶太人的十三歲成年禮或墨西哥女孩的十五歲生日派對。巴西的亞馬遜河流域有個薩得里瑪威（Satere-Mawe）部落，族裡的男孩滿十三歲時，得戴上手套，裡面塞滿了凶猛、愛叮咬人的子彈蟻，男孩的雙手付出傷痕累累的代價，才算變成大人。

一定有人這麼問：「何苦讓『登大人』儀式變得如此困難？」

成年禮是劃定界限的分水嶺，試圖讓青少年邁向成年的緩慢過程，瞬間變得具體起來：在這之前，我是個小孩；從今天起，我就是個男人了——一個雙手腫脹不堪的男人。

轉變，一如里程碑或低谷，是自然而然出現的關鍵時刻。就像不管有沒有公開的儀式，結婚都會是人生中的關鍵時刻，因為它象徵人生即將邁向下一個階段。若我們能意識到這些關鍵的時刻有多重要，便可形塑它們，好創造出更多難忘且充滿意義的時刻。

這個邏輯說明了為何第一天上班是值得投注心力的經驗。新進人員同時面臨三個面向的轉換：腦力（新工作）、社交（新同事），以及環境（新地方）。頭一天上班不該跑一堆繁瑣的程序，它應當是值得被記憶的顛峰時刻。

拉妮・羅倫姿・弗萊（Lani Lorenz Fry）懂得利用這個機會。她任職於強鹿公司（John Deere）的全球品牌策略與行銷部門，從亞洲區的高層主管口中得知，公司員工離職率偏高，缺乏向心力。「強鹿公司在當地並非知名品牌，」弗萊說，「不比在美國中西部，很可能你爺爺就有一台強鹿生產的拖拉機。」結論便是員工對這個品牌沒多少感情。

弗萊和品牌部門的同事發現了一個突破口：建立情感的源頭得從新人報到那一天開始。這個團隊和公司的顧客體驗顧問路易斯・卡邦（Lewis Carbone）商討後，設計出所謂「到職日體驗」。他們希望這一天是這樣展開的（你會發現跟上面的版本有幾處不同）：

當你收到強鹿公司的錄取通知，並且回覆有願意到職後，很快就收到一封電子郵件，寄件人是「強鹿的朋友」，姑且叫她阿妮卡。她先介紹自己，接著會告訴你一些基本事項：可以在哪裡停車、服裝規定如何等等，她還說你第一天上班時，早上九點她會在大廳迎接你。

到職日當天，你在正確的地方停妥車子，往大廳走去，阿妮卡真的在那裡！你看過她的照片，所以認得。她指著大廳裡的平面螢幕，上面映著斗大的字：歡迎你，亞瓊！

阿妮卡領著你去辦公座位，旁邊掛著六呎高的旗子，在辦公室的小隔間上方搖曳，提醒大家這裡有新人，一整天都有人停下腳步和你打招呼。

你安頓好以後，看見電腦螢幕的桌布背景，是一台強鹿的機具出現在夕陽映照的農場上，旁邊的文案寫著：「這是你此生最重要的工作，歡迎加入！」

你發現自己收到了第一封電子郵件，寄件人是執行長山姆・艾倫（Sam Allen）。他在短片裡談了幾句有關公司的使命，他說：「為世上更多的人口提供所需的食物、基礎建設和棲身之所。」信末還補充道：「祝你接下來的這一天都很愉快，希望你成為強鹿團隊的一員後，能擁有充實滿足的成功生涯。」

現在你注意到辦公桌上有個禮物，是一個小型的不銹鋼複製品，那是強鹿於一八三七年首度生產具有拋光特性的犁頭，內附一張卡片，裡頭寫著為何農夫都愛它。

中午時分，阿妮卡來接你跟一群人去外面吃午餐。大夥兒問你以前做過什麼？也告訴你他們目前正在進行的計畫。稍晚，部門經理（你頂頭上司的主管）走過來跟你敲定下星期共進午餐的日期。

那天你離開辦公室時想著：「我屬於這裡，我們做的工作很重要，而我對他們來說也很重要。」

強鹿的品牌團隊擬定了這項到職日體驗計畫後，亞洲地區的幾間分公司開始推動，在北京辦公室尤其獲得極大的回響，早期員工甚至開玩笑說：「我可以先辭職再進來嗎？」在印度，這項計畫讓強鹿在競爭激烈的勞動市場中顯得與眾不同。

所以，世上每一個組織都該有屬於自己的到職日體驗，不是嗎？

不用等到新年！每天都可以是新起點

強鹿公司的到職日體驗是出現於轉換時期的顛峰時刻。要是人生的轉折少了某個「時刻」，有可能變得模糊不清。我們常因為不曉得要怎麼做，或者該遵守什麼規定而感到焦慮。領有諮商心理師證照、擅長悲傷輔導的大師級人物肯尼斯・多卡（Kenneth Doka），在他所著的《面對失去，好好悲傷》一書中說過一則故事，值得我們深思。

有個女人來找他，說丈夫死於肌萎縮側索硬化症（俗稱漸凍人症）。在先生生前，兩人的婚姻很美滿，他是個好爸爸、也是好丈夫，但漸凍人症是一種非常痛苦的退化性疾病，當她丈夫病況加劇時，就需要更多照顧，兩人都備受煎熬。丈夫身為一家小型建設公司的老闆，自尊心甚強，不太能接受生病的事實，因此夫妻開始頻起爭執。

但他們是天主教徒，對婚姻極為虔誠。她說，經過難熬的一天後，每晚他們倆會在床上緊握彼此的雙手，碰觸著婚戒，為對方重唸一遍結婚誓詞。

她來找多卡時，丈夫已經離世六年，她的心態上也已經調適好準備跟其他人約會，但她說：「我既無法戴著戒指去約會，也無法說服自己褪下戒指。」她堅信婚姻是一輩子的事，也認為自己應信守承諾，現在的她有些不知所措，進退維谷。

多卡那時已經寫過多篇文章，從各方面剖析「療癒儀式」如何幫助沉浸在悲傷中的人們。他認為她需要一個「轉換的儀式」才能摘下那枚戒指，她也認同這個主意。所以在徵得同意後，他便和她的神父聯手打造一個小儀式。

某個星期天的下午，就在這間她當初結婚的教堂，做完彌撒之後，神父邀集了一群她的好友和家人，其中不少人曾出席當年的婚禮。

神父讓他們站在聖壇周圍，接著開口問她。

「不論情況好壞，妳都會忠於丈夫嗎？」

「是的。」她回答。

「無論生病或健康，也都一樣嗎？」

「是的。」

神父帶著她念結婚誓詞，但用的時態是過去式。她在一群見證人的面前，確認了她在婚姻中的忠誠，深愛並且尊敬丈夫。

然後神父說：「現在，容我收下妳的戒指好嗎？」她依言摘下手指上的婚戒，遞給他。後來她對多卡說：「我居然就這樣摘掉了，簡直不可思議。」

神父收下了她的戒指，和多卡一起用鎖將她跟丈夫的兩只戒指扣在一起，貼在婚紗照的相框上。

這場儀式不啻讓她得以對自己、也對她所愛的人們，表明自己踐履了神聖的誓言，還對在場的每一個人宣告她即將轉換身分，這個時刻給了她一個嶄新的開始。

這則「翻轉婚禮」故事背後隱藏著一個顯而易見的核心。其實，這名遺孀去見多卡時，已經打算再度約會，顯然就算她沒跟多卡會面，最後還是會想辦法開解自己跟別人約會，也許需要花上一個月、一年甚至五年。在這段猶豫期，她會焦慮地反覆質疑自己，「我準備好了嗎？我真的可以開始約會了嗎？」這名遺孀需要的其實是一個分界線，好記錄這個重大的轉變。而在那個週日下午儀式結束後，正象徵著「我已經準備好了」。

我們的天性渴望這些指標性的時刻。譬如大家都喜歡新年新希望。任教於華頓商學院的學者凱瑟琳・米克曼（Katherine Milkman）表示：「每當新的一年開始，我們覺得可以拋下過往，從頭來過，這就是『新起點效應』……我犯的錯都是去年的事了，不妨這麼想：『那些錯誤與我無關，那是舊的我，而不是新的我。嶄新的我不會再犯這些錯誤。』」她覺得這種心態很驚人。

換句話說，新年新希望的重點不在於心願本身。畢竟，對大多數人而言，每年的心願都差不多。到了十二月三十一日，大家都想要減重或存錢。新年伊始，我們會在心理上耍一些會計伎倆，試圖將過去的錯被留在一個叫「舊我」的帳本上，而「新我」從今日開始。所謂新年新希望，應該叫做「新年的赦免」才對。

米克曼領悟到，假如她的「新起點」理論正確，那麼從頭來過的效應不該侷限於新年，所有堪稱里程碑意義的日子都該一體適用，像是每個月、甚至每星期的第一日，都給了我們一個藉口讓紀錄歸零。

米克曼和同事戴衡辰追蹤某間大學附設健身中心的紀錄，發現了支持「新起點」假說的有力證據。學生上健身房的機率在每週一上升了百分之三十三，每個月的前幾日上升百分之十四，新學期剛開始時更是攀升百分之四十七。

所以「新起點」不僅出現於新年元旦，也在其他重大日子裡出現。如果你亟欲做出轉變，卻老是失敗，不妨創造一個關鍵時刻，劃出一道界線，從這一端起是全新的你。

留意值得慶祝的里程碑

某些重要日子幾乎具有普遍性。學者亞當・奧特（Adam Alter）與赫爾・賀思菲德（Hal Hershfield）進行一項調查，要受訪者回答一生中最重要的幾次生日。依投票數多寡，最受青睞的年紀依序是：十八、二十一、三十、四十、五十、六十和一百。

這些生日具有里程碑的意義，全都需要慶祝。以一百歲壽誕來說，再怎麼不願也得心存感激，畢竟這代表你的人生里程數還在累積中。十八和二十一歲則分別代表擁有更多參與市政和喝酒的權利，除此之外，其他年紀似乎就沒什麼道理可言。五十歲就像某種門檻？其實也不盡然。你的生命，每過一天就老一天，沒有哪一天會老得更快（除非日光節約真的有黑魔法的威力），老化是優雅遞增的過程。為了給人生增加意義，我們捏造出三十、四十、五十歲的門檻，卻反而讓自己在接近這些歲數時驚慌失措。

每個年紀都具有特定的意義。里程碑歸里程碑，就像畢業典禮這類型常見的決定性時刻代表了轉折，但其他的事物亦可被視為值得慶祝的里程碑，像是四十歲生日宴會、二十五週年旅行、任職滿三十年的牌匾或金錶。

人們自然而然會注意到里程碑，我們就不再贅述。要關注的是那些應注意而卻被忽略的里程碑，例如：學生為何沒獲得更多認可？的確，他們升上更高年級值得慶祝，但上學滿一千天、或讀了五十本書呢，不也是同樣值得？此外，又為何不慶祝老師教過的第一千名學生？

因行動裝置的應用程式（APP）和個人追蹤定位器盛行，現今有許多方式能找出過往沒留意到的里程碑。譬如Pocket這款手機軟體可將網路文章存入手機，方便日後閱讀，還會通知使用者已經讀完了一百萬字；可追蹤個人健身紀錄的Fitbit手環，則會頒獎給爬了四千階樓梯的人一個「七四七獎章」，象徵使用者爬了一架七四七客機的飛行高度，而另一款「帝王獎章」的頒發資格則如下：「帝王斑蝶每年遷徙兩千五百英里，飛到溫暖地帶。你累積的里程數，已經足以跟這群蝴蝶一較高下！」

這兩家公司巧妙構思出令人自豪的關鍵時刻，只要稍微留意里程碑就可辦到，而且僅需花一封電子郵件的成本。

聰明翻轉，讓低谷變成顛峰

以片刻的角度去思考，就能敏銳地察覺到「轉變」、「里程碑」，以及第三種經驗「低谷」。低谷恰與顛峰相反，是負面的關鍵時刻，充滿了艱辛、痛苦或焦慮。

低谷猶如坑洞，需要填平。大部分時候，大家都明白這個道理。迪士尼樂園便深諳人們討厭排隊太久，所以，他們想方設法地填坑，企圖藉由有趣的布置來轉移人們的注意力，讓表演者和訪客互動，人們甚至期待起排隊等候的時光。而在我們的生活中，這種情況也是顯而易見。你不需要讀一本討論關鍵時刻的書，也明白要是伴侶在受苦，無疑的，你會照料對方。

但常理難免也有例外。畢業典禮是常理，但第一天上班的經驗卻不是。四十歲的生日派對是常理，但上學滿一千日的派對不是。就低谷來說，也是如此。舉個小例子，有人租了一輛車，在租賃期間不幸過世。按照常理，你會說死者的家屬只要歸還汽車，終止租約就好。錯！大部分租車公司在人們遇到困難時，並不打算施以援手，反而會要求付清租金。賓士汽車融資服務是少數的例外，他們會寄弔唁信給承租人的家屬，還主動提出免繳剩下的租金。

再試想一下，一位剛得知自己罹癌的病人。醫生和護士縱然深知病人處於充滿憂慮低落的谷底，想要展現同情和支持，但安慰的效果總是如此有限。倘若採取快速行動，會怎麼樣？一般罹癌患者往往得等上好幾個星期，甚至更久，才能開始跟多位負責治療的專科醫師會面。但在美國的山間醫療保健公司則不必。根據倫納德・貝里（Leonard Berry）和兩名同事的報導，病患和家屬在癌症診斷後的一週內，就會被通知來跟醫師面談。他們待在房間裡，照護團隊的成員不斷進出，其中有外科醫師、腫瘤科醫師、營養師、社工和護士。經過通盤考量，當病人走出房間時，完整的醫療計畫已經擬妥，甚至排好約診的時間。這並不表示安慰病人這件事沒那麼重要，它當然重要。只不過，給予安慰是一般會做的事，但快速召開全體會議，研擬作戰計畫，則非單憑常識就能作到，你得盡心盡力去填補坑洞。

低谷有時候會翻轉，變成顛峰，讓人跌破眼鏡。有一項針對服務接觸的研究，請顧客回想最近和航空公司、旅館或餐廳員工的互動經驗，有無令人滿意或不滿的地方。經顧客評定帶來正面感受的接觸，近四分之一是與員工如何處理服務失誤（動作太慢、送錯餐點、未保留訂位、班機延遲等等）有關。換句話說，要是員工能妥善處理這些客訴，便能把負面時刻轉變成正面的時刻。就服務產業而言，厲害的公司都精通服務補救之道。（舉個例子，有位任職於客製化住宅公司的高階主管，根據手上的顧客滿意度數據，提出了獨到的觀點。他說，為求顧客滿意度最大化，你絕不能追求完美。你得要會做錯一、兩件事，好讓顧客有機會能提醒你這些錯誤，然後為錯誤著急奔走、趕忙解決。值得慶幸的是，他沒指示團隊故意犯錯，即便我們感覺得出，其實他滿想試一試……）

企業領袖若能察覺顧客內心的不滿或不快，果斷採取行動，表達對顧客的支持，很容易就會成為這一行的佼佼者。主動提議幫助有困難的人，這件事本身既是目標也會成為回報，為企業帶來好處，雖然這是額外的收穫。

說說道格・迪思（Doug Dietz）的故事。他是美國奇異公司的工業設計師，曾花上兩年時間設計核磁共振儀，到了二〇〇七年秋天，終於有機會看到醫院裝設這台機器。他覺得自己像是自豪的爸爸，親眼見證小寶貝上場。

他走進核磁共振造影室，看到這台新的造影機器，高興地手舞足蹈，他在二〇一二年的TED演講中這麼說。迪思回到外面的走廊，等候第一批病人。他等了一會兒，看到一對夫婦帶著年紀很小的女兒，從走廊另一端走過來。女孩在哭。就在他們即將走到核磁共振室時，父親彎下腰對女兒說：「我們說好囉，妳一定會勇敢的！」

小女孩一走進那間小室，就嚇得動彈不得。在那一刻，迪思透過她的雙眼，看見核磁共振室的樣子。

牆上用磁鐵吸住一個巨大的警告標誌，上頭有個驚嘆號。地上還貼著像是犯罪現場才會有的黃黑色膠帶。房間內異常昏暗，日光燈不斷閃爍，裡頭只有或深或淺的米色，了無生氣得令人害怕。

「那台我設計的儀器，根本就像是中間有洞的長方形磚塊。」迪思說。

他也知道，小女孩接下來的經驗只會更糟。她會被推進核磁共振儀的狹窄圓筒內，忍受幽閉的恐懼，強迫自己躺在那兒半個小時不許動，同時試著忽略機器本身奇怪的轟鳴聲，以及鏗鏘作響的噪音。

迪思看見這對父母交換了痛苦的眼色，他們不知道該怎麼陪女兒度過接下來的一小時。

他非常震驚。在那一剎那，驚懼取代了自豪。「這一幕讓人心碎。」迪思說。

他終於體認到設計師團隊專注在機器本身，總想著如何才能讓它變得更快速、效能更好。但病人卻只專注於使用的經驗，一旦他們害怕核磁共振儀器，身體便會開始反應出不適的感覺，百分之八十的兒童必須服用鎮靜劑才能做完核磁共振檢查，而所有鎮靜劑都潛藏著風險。

迪思在核磁造影室裡領悟到這一點，便決定修正他身為設計師的使命。他想，要是我們能設計出兼具有趣體驗的儀器，會怎麼樣呢？

他邀集許多人和他一起思考如何讓這項體驗變得愉快。這支團隊包括任職於兒童博物館的主管、史丹佛大學的「設計思維」專家、幾位托兒所教師和專門照顧孩童的醫護人員等等。迪思和他們深談之後，領悟到孩童強大的想像力也許能派上用場。

「三把餐椅和一張毛毯可以變成什麼？」他問道。在孩子眼中，可能是城堡、太空船，或卡車。

假如核磁共振儀不是機器，而是一艘太空船或潛水艇呢？迪思的團隊想法子把掃瞄器融入故事的背景當中。匹茲堡大學醫學中心的核磁共振室被命名為「叢林探險」，這裡也是團隊早期的設計成果。他們在通往核磁共振造影室的走廊地板上，貼滿了近似岩石的貼紙，孩童憑直覺會想從這塊石頭跳到下一塊石頭上。造影室裡的壁面全部漆上色彩鮮豔的叢林景象。而一路上的岩石指引著孩子來到彩繪的錦鯉池塘，裡頭看似有許多條魚，在儀器周圍游來游去。

核磁共振儀的平台高度降低好讓小孩能輕易爬上去，同時設計得有如一艘挖空的獨木舟，他們會鼓勵孩子抓牢，才不會在叢林裡遊蕩時弄翻獨木舟。孩子們很快就愛上這項挑戰，努力不讓獨木舟搖晃。迪思在TED演說中模仿小孩雙臂垂直貼在身側，只有眼珠在動。他說：「這些小孩就像雕像，一動也不動。」

另一個主題是「海盜島」，孩童沿著木棧道走向儀器，儀器的外觀就像一艘海盜船。牆上有隻綁著海盜頭巾的猴子，正把鞦韆盪得老高，而醫藥櫃則裝飾成一棟茅草小屋。

迪思和同事們致力於解決孩子「焦慮的原因」，比如機器運作時的巨大噪音聲。他們為舊金山某間醫院，設計了「纜車冒險」主題的核磁造影室，每位要進來做檢查的小孩會拿到一張車票。有天，迪思見到醫院員工跟一個小男生聊天：「巴比，你坐過城裡的纜車嗎？你還記得有點吵，對不對？我們醫院的也是耶！」

迪思某天在海盜島主題的造影室，跟一名女兒剛做完掃瞄的母親聊天。兩人說話時，小女孩不停拉著媽媽的裙子，媽媽說：「親愛的，怎麼啦？」

小女孩問：「我們明天可以再來嗎？」

迪思忍不住哭了。他做到了，他成功將恐懼的經歷脫胎換骨變成快樂的體驗。

從那時起，迪思主導的奇異公司「探險系列」核磁共振儀器，陸續在數十家兒童醫院安裝，而且效果非常驚人。最早採用迪思設計的匹茲堡兒童醫院發現，需要鎮靜劑的兒童比例從百分之八十下降至百分之二十七。電腦斷層掃瞄因時間較短，只有百分之三的兒童需要施打或服用鎮靜劑。兒童最害怕不安的時刻莫過於躺在無菌的平台上，被送入看起來挺恐怖的機器裡——消失了。迪思說，現在這些小孩「很高興要去探險，不會再緊緊抱住媽媽的腿不放……以前，把他們哄到平台上要花十分鐘，而掃瞄只需四分鐘。現在，毋需十分鐘，只要一分鐘就能讓小孩乖乖躺上平台，花四分鐘完成掃瞄。」

與改善孩童的使用經驗相比，打造友善設計的花費顯得微不足道，因為掃瞄速度變快了，醫院每日可以幫更多人進行掃瞄。

迪思的勝利，是因為他提出了深具同理心的聰明設計，但這則故事的另一個重點是：以片刻為單位進行思考。他了解到，需要投注更多心力在改善病患的使用經驗，而非僅專注於儀器本身。對病患來說，痛楚的時間被變成了提升的時刻。迪思把低谷翻轉成了顛峰。

創造公司或組織中的關鍵時刻

轉變值得標注，里程碑需要慶祝，而低谷應該被填平。這是以片刻為出發點去思考的本質。不過確切地說，並非所有關鍵時刻皆能歸納入這三種類型，而是何時何地都能發生。舉例來說，冰棒熱線是一經要求就得奉上的小確幸。同樣地，不拘哪個星期六，你都可以帶小孩來一趟驚奇的動物園之旅，孩子們大概都不會抱怨。

本書中提及的大部分時刻，無論是否與提升、連結，或榮耀有關，幾乎各個都是好時機。當然，若你能夠同時結合好幾種，就更完美了。此處我們要強調的是組織中，明明需要付出注意力，卻往往被忽略的那些關鍵時刻，一如沒人關注的到職日體驗。

那麼，組織裡面還有哪些亟需被創造出來的關鍵時刻呢？試舉數例：

轉變

● **升職**：

每個人都會因升職而感到高興，那是人生中的光榮時刻。不過總有少數特例，部分主管反而視那段時間是艱難的過渡期。他們從未受過訓練，不知道該如何激勵團隊或給下屬意見回饋，就倉促上任。因此，在舉行晉升儀式，慶賀升遷之餘，至少應由資深主管帶領著新主管一星期，好適時提出建議。

● **開學日：**

麥可・J・雷默（Michael J. Reimer）在舊金山的羅斯福中學擔任校長，想要幫助六年級生順利從小學邁向國中生活，便設計了為期兩日的新生訓練計畫，除了複習重要的數學和科學概念之外，最重要的是讓學生熟悉校舍和比以前複雜的課表。考量到大多數學生不太會使用先進的密碼鎖，他甚至還舉行「置物櫃比賽」，幫助學生練習如何更快地打開有密碼鎖的置物櫃。他說，當七、八年級生兩天後回到學校上課時，這群六年級生已經覺得學校是屬於他們的。

● **計畫收尾：**

大部分組織在某項計畫快要結束時，就會啟動一項新計畫做收尾，以資慶賀。舉個滿有啟發性的例子：史帝夫・賈伯斯曾經公開為第九代麥金塔作業系統（Mac OS 9）舉辦模擬葬禮，還說：「Mac OS 9是我們大家的好朋友，替我們不眠不休地工作，統籌我們的應用程式，認真執行每一道指令，隨時聽候差遣，只是有時候它忘了自己是誰，就會重新啟動。」這場葬禮看似愚蠢，卻是一場有意義的時間分界線。

里程碑

● **退休：**

一個人結束漫長的職涯，面臨退休，那一刻是轉變也是里程碑，對某些人來說更是低谷——因為失去了目標或成就感。然而，退休歡送會往往流於庸俗，無非是在會議室裡擺上方形蛋糕，匆忙叫來一群同事湊熱鬧，這一刻理應更加慎重才是。勤業眾信會計事務所有項常規，邀請即將退休的合夥人參加年會，由一名同事上台敘述這位資深同事的生活和職涯，最後，所有合夥人舉杯恭喜就要榮退的同事，此時他有機會對大家說幾句像是揉合了婚禮賀詞和退休頌詞的話。（請注意，我們知道有些內向的人寧可偷溜進管理員的小室，也不願忍受這種場面；其實也有其他比較低調的方式能表達這份心意，例如送一本同事們親筆留言的紀念冊。）

● **未獲認可的成就：**

我們為資深員工在組織內的工作年資慶祝，但任職期間的成就又該怎麼說？業務員為公司賺進了一千萬元，難道不值得慶祝？或者，有才幹的經理栽培了十名被拔擢的下屬，不該恭賀他嗎？

低谷

● **面對負面的意見回饋：**

你的組織可能會提供「三百六十度評量」報告給主管。（這是一種衡量能力的工具，方法是搜集某位主管底下的員工、同儕與經理的回饋意見，提供全方位的視角，呈現眾人對他的看法。）要是某人的報告很差，會怎麼樣？你已經準備好行動方案，幫助他填平這個坑嗎？

● **失去摯愛：**

總會有員工失去摯愛的人，一旦發生這種憾事，應當給他們支持。難道組織不該擬妥計畫，以因應突發的意外事故？例如團隊很快動員起來，讓當事人休假，大夥兒順利接手緊急案件，並且提供生活上的協助（送餐、照顧小孩、跑腿等）。

不論是生活或工作，都有許多值得挹注心力的時刻。接下來，大家會學到規劃這些時刻的技巧。

〔案例1〕個人客戶銀行錯過了值得創造的時刻

溫馨提示

我們會在每一節的末尾，附上一則「案例探討」，讓大家更清楚怎麼運用本書中的概念，解決現實世界裡的問題。案例探討著重於「以片刻為單位進行思考」的訣竅。

狀況

個人客戶銀行業務的巨擘，如花旗銀行、富國銀行、PNC銀行等等，無不耗費數十億美元打造值得信賴的品牌形象，更不惜斥資引進新科技，把每一間分行裝潢得美輪美奐，以提升「顧客體驗」。

但令人吃驚的是，儘管這些銀行竭力爭取顧客忠誠度，卻沒注意到顧客人生中真正重要的時刻。顧客可能和銀行建立起數十年的關係，試想一下，有多少重大時刻在這段時期內發生！更重要的是，許多關鍵時刻其實與銀行有關，像是購屋、換工作、存教育基金、辦婚禮、退休等。

渴望的結果

銀行可以學著「以片刻為單位進行思考」嗎？

個人客戶銀行能夠創造什麼樣的時刻？

如同本章所述，自然出現的關鍵時刻是由三種情況組成，⑴轉變，⑵里程碑，以及⑶低谷。讓我們逐一檢視它們與銀行業務的關係。

● **轉變**

(1)買房子：這麼大的改變難道不值得慶祝？很多房仲業者會送客戶一份恭賀喬遷之喜的禮物。那麼承接客戶六位數房屋貸款的銀行，該送什麼樣的禮物呢？第一個月的月結帳單嗎？錯過這個時機真可惜！

(2)新工作的第一份薪水：假如銀行寄給你一張祝賀的短箋或用來購買有聲書的禮券，讓你在通勤時聽，該有多好？

(3)年輕人第一次開戶：有個小男孩抱著撲滿，去加拿大的一間銀行開戶。姑且說他存了一三．六二元好了。櫃員說：「我們覺得你認真存錢好厲害喔，不如四捨五入湊成二十元整數，好嗎？」小男孩和父母聽了非常高興，而創造這一刻的成本只需要幾塊錢。假如銀行櫃員被賦予這種權力，更頻繁地對客戶做出貼心的舉動，不僅使工作變得更有趣、更有意義，接著還會發生什麼事？（第四章將提到一間Pret A Manger的快餐店，它的故事會帶來一些啟發。）

(4)結婚：想像一下，有個客戶致電銀行，說她的帳戶要加上配偶的名字，過了幾天，竟發現這家銀行從她的結婚禮物清單中，買了個禮物送她！或者，這間銀行讓這對準新人免費做一次財務諮詢，又將如何？

● **里程碑**

(1)還記得Fitbit手環和Pocket軟體是如何記錄人們原本會錯過的時刻嗎？（讀了一百萬

字！）銀行也能依樣畫葫蘆，而且傳送祝福訊息的管道非常多元；

⑵當你的存款餘額達到某個里程碑，比如一千或一萬美元；

⑶當你有半年或一年時間沒動用「急難基金」；

⑷當你在這家銀行孳生的利息達到一百或一千美元；

⑸當你清償了百分之二十五、百分之五十或百分之七十五的房屋貸款；最後，當你終於繳清了房貸，如果銀行派人親自送房契到如今歸你所有的家，向你握手道賀，難道你不覺得感動嗎？（澳洲某間銀行的幾位經理對我們坦承，他們不只是沒親送這份房契，還向客戶收取寄送的郵資！）

●低谷

⑴離婚或被解雇：若銀行在客戶重新站穩腳跟前的這段期間，主動提出三個月的「停繳期」，又將如何？房貸的繳納期數還是一樣，只不過因為配合停繳，最後一次繳付的期限會往後延三個月而已。「停繳期」也適用於新手父母，銀行不妨這麼說：「我們想，你們可能需要為家裡添購一些用品，應該滿需要放幾個月的『房貸假』。」⑵雙親死亡或失能後，協助處理後續事務：很多人面對這種情況時毫無頭緒，卻仍得想法子弄清楚帳單、資產和負債，此時唯有銀行能夠提供諮詢和支持。

●最後的思考

上述部分的建議可能所費不貲，或侵犯到隱私，畢竟不是每個人都喜歡往來的銀行注意到自己換了新工作或再婚。但重點是，銀行白白錯過了太多能夠提高顧客忠誠度的機會，只因為沒能好好創造時刻；更何況，對這些時刻欠缺關注，也違背了銀行經常掛在嘴上「與客戶建立強有力的關係」的說詞。兩造關係中的一方完全不記得另一方的人生有哪些深刻動人的時刻，這關係根本談不上有關係。

個人客戶的銀行業務與人們的生活息息相關，也許你的生意沒這麼大的影響力。但你是否也同樣錯失機會，沒及時在重大時刻給予顧客支持、建議，或者說一聲恭喜？現在，你開始以片刻為單位，進行思考了嗎？

引言　何謂「提升」的時刻？

現在，我們已經回答了三個問題，包括關鍵時刻是什麼？你為何想創造出這些時刻？你何時得開始以「片刻」為單位進行思考？但我們尚未解決最重要的問題——我們該如何創造關鍵時刻？

我們看到，YES Prep學校的管理者創造了高四生簽約日，那一天對畢業生來說毋庸置疑是關鍵時刻。道格．迪思和同事們為核磁共振裝置創造了「探險系列」，將兒童病患最討厭的低谷經驗翻轉為顛峰。因此我們知道，關鍵時刻可以透過自覺而後被創造出來，所以你也能親手創造每個重要時刻。

接下來，我們會介紹構成難忘經驗的四大要素：提升、洞察、榮耀，以及連結。只消好好利用這四點，就能得到截然不同的結果。

我們先從提升開始。提升的時刻擺脫了日常的庸碌，細細品味時光後，進而迎來投入、欣喜、驚奇與鼓舞的時刻——也就是顛峰。

提升的時刻可能是意味著轉變的各式社交場合，像是生日派對、退休餐會、猶太成年禮、墨西哥女孩的生日派對，以及婚禮。

也有其他像是「登台」的這種時刻，諸如在運動比賽中與人競爭、上台報告、在戲劇中軋一角等等，只不過這類型登台活動的風險較高，得全神貫注才行。

有時候，提升的時刻就那樣突如其來地降臨，比如臨時起意的一場公路之旅，在陽光下散步讓你心情愉快，或是心儀對象第一次碰觸你。

我們還可以創造出更多的提升時刻嗎？當然可以。只要我們善用讓顛峰時刻更精采的方法，譬如重新構思生日派對或給客戶的簡報，好讓這一刻更加難忘。建立提升時刻的訣竅很簡單，稍後會詳述。不過，儘管提升的時刻並不難尋，但要想將它辦得有聲有色卻非常困難。（關於這個主題，強鹿公司的「到職日體驗」後來發生了令人訝異的轉折。）不在乎顛峰經驗，或根本沒有顛峰可言，是組織內令人咋舌的通病，不管是教會、學校或企業都一樣，內部成員被繁瑣的例行公事壓得喘不過氣，就算再高的顛峰都會變成小土丘。

接下來的兩個章節，我們將細述如何找到、或者加強提升的時刻，你會發現有時大費周章地安排這一刻是必要的，你也將明白為何它值得費力去爭取。畢竟，當人們回顧一生時，這樣美好的片刻永遠不嫌多。

第三章　創造驚艷時刻

我們日復一日的走在坦途上，卻忽略了腳下的它，原來可以是千巖萬壑的大山，擺脫習以為常並不容易，對歐凱利而言，是絕症讓他辦到的，那麼你呢？

比畢業舞會更令人難忘的「人性審判」活動

你是奚斯戴爾高中（Hillsdale High School）的高二生，那是間位於加州聖馬刁的公立學校。你上歷史課時，讀到了法西斯主義崛起、第二次世界大戰，以及大屠殺。

同時，你也在英文課上研讀威廉・高汀（William Golding）的《蒼蠅王》（*Lord of the Flies*），《蒼蠅王》說的是一群男孩遭放逐到荒島的故事，他們被迫遠離社會與文明，重回野蠻狀態。高汀說，他之所以寫下這部小說，部分是歸因於他在二次世界大戰服役時曾目睹的暴行。在書裡，他企圖追蹤社會文明的弊病，卻反而發現弊病的源頭來自人性的瑕疵。

那天英文課，全班正在討論書中某一段男孩們爆發了暴力衝突的章節。此時討論突然被打斷，你驚訝地發現自己拿到一張和官方投訴書相似的文件（如左頁圖）。

____

____

____

訴訟代理人

加州高等法院　聖馬刁郡

「人人」代表原告方和其他處境相似的人

原告

反對

威廉・高汀

被告

No. 902034

集體訴訟

集體訴訟的控告事由：

毀謗與疏忽性失實陳述

原告要求陪審團審判

原告提出控告的事由，是基於《蒼蠅王》小說中對人性的描述與信念，詳述如下：

本案的性質

1.《蒼蠅王》是威廉・高汀於一九五四年完成的小說。這部小說描述一群男孩被困在熱帶荒島上，日趨墮落，最後變成野蠻人，殺害兩名同伴，還企圖謀殺第三個人。

2.關於這部小說，高汀宣稱：「(小說的)主題是：社會缺陷的根源在於人性的瑕疵。」

3.《蒼蠅王》以嚴重扭曲的方式描寫人性。

4.《蒼蠅王》是史上最暢銷、最具影響力的書籍之一，已經使好幾代的讀者麻木不仁，誤以為戰爭和暴力是人性不可避免的後果。

文件上說威廉・高汀被控毀謗，起因於他描摹這群男孩的筆法嚴重扭曲人性。你們班將審理高汀的案子，每個人可以選擇一種角色，無論是擔任證人、律師，還是法官皆可。

這次審判圍繞著幾個具煽動性的大問題展開，包括高汀認為人性有瑕疵，他的陳述正確嗎？文明只是用來掩飾暴力的手段嗎？

每年，奚斯戴爾的高二生都得參加這項名為「人性審判」（或高汀的審判）的活動。你和同班同學將有兩個月的時間做準備。開庭日當天，你會搭校車前往真正的法庭，在老師和校友組成的陪審團面前進行審判和訴訟，旁聽席上會坐滿了同儕和高二生的父母。

你，身為律師團的一員，將邀請知名的歷史或文學人物出庭作證，姑且不論好壞，這些人對人性都各有見解。有些人物，如希特勒、甘地、德蕾莎修女，以及英國政治哲學家霍布斯（Hobbes）可預料將站上了證人席，但也有些令人意外的證人出現，例如珍古德、馬克吐溫、電影《星際大戰》中的黑武士，甚至美國嘻哈音樂人圖帕克・夏庫爾。這些名人都將由同學穿著戲服來扮演，每位同學都得勤於研究，反覆排練有關人性問題的證詞。

這些年來，許多陪審團判高汀有罪，也有許多陪審團將他無罪開釋。而這次的結果，即將由你決定。

一九八九年，甫任教三年的社會科老師葛瑞格・喬敖斯與教書二十年的英文科老師蘇珊・貝德芙設計出「人性審判」。兩人原本彼此陌生，直到某次有學生抱怨兩份重要報告撞期，原來是他們倆規定的截稿日為同一天，他們這才開始聊天，明白兩人有很多共通點。首先，兩人都已逐漸對教學感到倦怠，甚至考慮是否要放棄教職。

「我已經陷入了英文老師的教學窠臼：讀一本小說、討論、考試。」貝德芙說，「我正在想法子重燃任教生涯初期的火花。」

他們都渴望多給學生一些東西，談著談著，兩人認清了一件事，雖說高中生待在教室裡的時間最長，但最難忘的經驗卻鮮少在教室裡發生。他們反而只記得畢業舞會、足球賽、音樂製作、學生會選舉、游泳比賽，以及才藝表演。

於是，喬敖斯和貝德芙問了自己一個問題，而這也成為兩人日後規劃教學方向的指針：要是我們能設計出像畢業舞會一樣難忘的課堂經驗，會發生什麼事？

這兩位老師企圖打造一個媲美畢業舞會般令人難忘的顛峰時刻。想想看，舞會當晚可是乳臭未乾的小子會租一輛加長的豪華禮車，最後在心儀的對象身上嘔吐……等，充滿許多記憶點的夜晚，這的確是個高難度的挑戰。

他們還希望這項體驗可以結合某些重要的課程主題，像是兩人始終參詳不透的謎團——人性的本質是什麼？

後來，喬敖斯無意間讀到一篇文章，敘述某人對該隱進行審判，該隱是亞當與夏娃之子，殺死了弟弟亞伯。（在《聖經》中的該隱是第一個降生的人，也是頭一個犯下殺人罪的人，這件事本身就說明了人性。）模擬審判似乎是最好的形式，既特別又有戲劇性，而且難以預測結局會是什麼？

「我們故意提出各種方式，增加它的難度，」貝德芙說，「好為這項體驗帶來更多挑戰和價值，要求這群孩子盡力突破自我，我想大概沒有一個孩子曾做過這樣的嘗試。」

第一年舉行審判時，他們邀請本校校長、足球隊隊長，以及其他出自這所高中的名人來擔任陪審團，以增加挑戰性。他們希望學生能夠用慎重的態度，在本校最有權威的人士面前進行這場訴訟。

喬敖斯和貝德芙開始帶著學生做為期數週的準備，也感受到同樣的壓力。如果失敗了，校長會在現場目睹整個過程。「我們和這群孩子正經歷相同的東西，」貝德芙說，「從前的我絕不會願意當一位冒險者。」[3]

當見證到這群學生有多認真看待這件事後，兩人信心倍增。「大夥兒全心投入，充滿熱情，相當敬業。」喬敖斯說，「我們從沒要求他們多做什麼，但孩子們卻會在放學後還主動進來練習。」

「學生從沒問過『這個可以拿到幾分？』」貝德芙覺得難以置信，「孩子們總是一向習慣先問這個，但這次他們連問都不問。我們想，哇！我們找到讓他們充滿動力的東西了。」

第一年，審判過程非常不順。某些證人表現得相當出色，但有些人幾乎沒準備就上場，也有人太過緊張。但有幾幕令人難忘，證人站在真正的最高法院證人席上，和穿著西裝飾演律師的學生進行辯論，坐在旁聽席上的觀眾看著他們對甘地進行交叉詰問。

當判決下來——無罪！

孩子們大聲歡呼鼓掌。

審判結束後，喬敖斯望著一個在課堂上老是興趣缺缺的學生，此刻卻一路蹦跳著跑過大廳，彷彿剛剛丟出一顆致勝球，贏得這場球賽似的。「感覺很棒！那麼，接下來要做什麼？」他說。

從那時起，人性的審判就成為奚斯戴爾高中的慣例。到了二〇一七年秋天為止，已經連續舉辦了二十九場。

喬敖斯和貝德芙打造出絲毫不遜於畢業舞會的課業活動，甚至更加令人難忘。喬敖斯相當自豪地說：「我聽過的每一場畢業演說，都提到了這場審判，卻沒人提起畢業舞會。」

有一群同樣任教於奚斯戴爾高中的老師，多年來不斷聽到畢業生說起這場審判真令人懷念，身為專業教師，免不了感到一絲嫉妒。他們也想為畢業生創造顛峰經驗。於是他們設計了「畢業生展示會」，激勵學生設計自身的研究計畫，用一年的時間來規劃，最後還得為這項成果做「答辯」，口試在春天舉行。主題無所不包，包括魔幻寫實主義、厭食症、核融合反應的未來等。

不少父母前來參加口試，都露出自豪的神色。「我想父母很少有機會看到孩子的作品，」傑夫．吉琪伯說，他是畢業生展示會的策劃人之一，也是本校的現任校長。「他們會看到游泳比賽、舞蹈表演或戲劇演出，但極少有機會看到孩子的學術成果。」

「學校可以向運動看齊，」他又說，「運動項目往往會有比賽，而且是在一群觀眾面前比。但我們的教育卻始終停留在不間斷的練習，從不進行比賽。想像一下，假如沒有競賽，會有人想加入籃球隊嗎？所以重點是，什麼才是適合學生的比賽？」

切換成片刻的角度思考，吉珥伯基本上問的是：「哪裡有顛峰？」就運動而言，比賽會帶來顛峰。我們也許可以將學生運動員的經驗畫成曲線圖，呈現出一名學生在一星期內的狀態，其中三項很枯燥的練習都落到中間線以下，唯獨比賽超過了中間線，這個高峰的付出有了回報（上圖）：

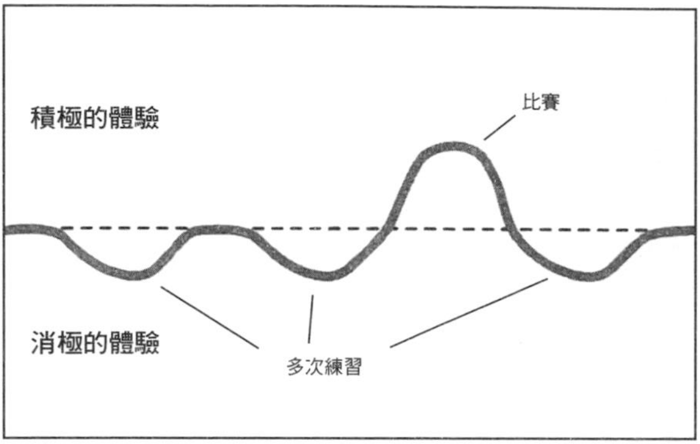

不過，求學經驗難免乏味。期末考算是低谷，但大致上，每日的情緒不會有太大的起伏（左頁圖上）：「人性審判」或「畢業生展示會」則為這條平坦的曲線增加了高峰（左頁圖下）：

請注意，這並非不花成本，或無須付出代價。投入人性審判的時間和精力總得來自某處，例如喬敖斯和貝德芙犧牲了一部分空閒時間，而且為了專注於審判，準備其他課的時間難免變少。

這種的付出值得嗎？答案幾乎是肯定的。第一章談到很棒的服務經驗，回想一下結論，很棒的服務體驗大部分轉頭即忘，偶一為之卻會令人留下精彩印象。這結論也適用於求學和人生經驗。這些「令人印象深刻」的精彩片刻不該全憑運氣！而是要事先策劃、投注心力，好好建立的高峰。若我們沒能做到這一點，最後恐怕只會剩下——轉頭即忘。

美國有三萬五千多所高中，當中有多少間學校辦過像人性審判這麼好的課程活動，就算只有一次也好？我們的高中都是非常好的公立學校，卻從來沒辦過。你們的呢？

優先打造驚奇，之後再解決小問題

儘管在學校或人生裡遇到的大多是「轉頭即忘」的經驗，頗令人失望，但在商業世界裡卻迴然不同。和企業打交道的時候，不論是為了電力、自來水、寬頻、網路、航運、汽油、水電工程，或是治療牙齒，有時候你反而會希望，那是轉身即忘的經驗。因為對許多顧客來說，寬頻斷線，馬桶塞住，牙醫助理幫你用牙線清齒縫太用力的這些低谷時刻，著實讓人難以釋懷。換句話說，對許多企業來說，消費者

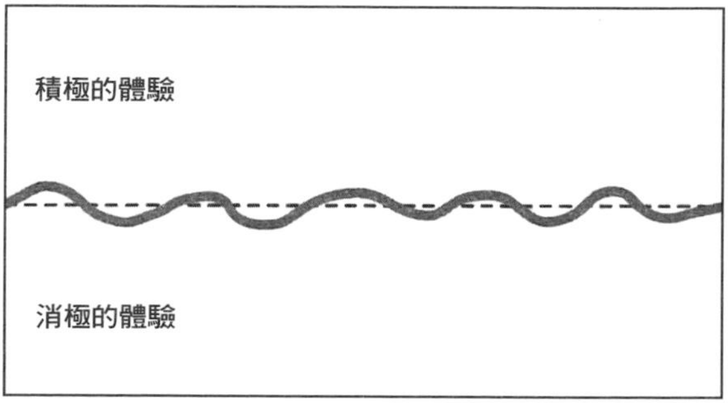

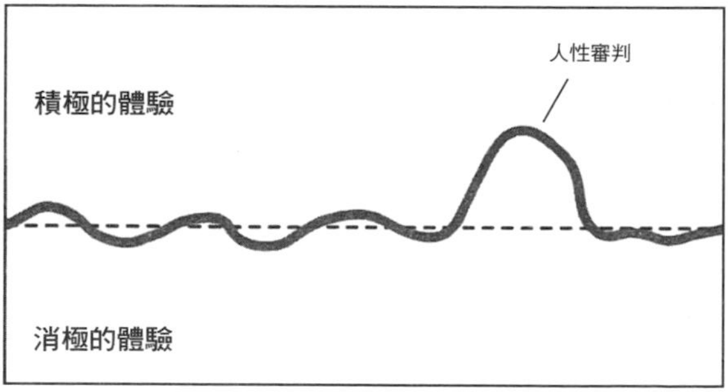

「轉頭即忘」是最好的結果，因為這表示服務沒出錯，你已經得到想要的商品或服務了。

把它當做是打造成功顧客體驗的第一個階段。首先，你填平了坑洞，這麼一來，你便可專注於第二階段為這次體驗打造「精采非凡」的時刻。亦即填補坑洞，然後建立高峰。

令人吃驚的是，許多企業領袖從未關注第二個階段。他們專注於修正服務上的缺失（填平低谷）後，就趕忙鋪設路面坑洞，也就是致力於解決小問題或礙眼的瑕疵。領導高層似乎只想創造零客訴，而非打造不同凡響的服務。

以魔法城堡飯店為例。假如這間飯店缺熱水，那就是個坑洞，除非被填平，否則住宿客人也不會對冰棒熱線感到欣喜。在飯店業，你得先滿足房客的基本需求，這些需求包括辦理入住的高效率、房間還算漂亮、床鋪稱得上舒適……等，否則很難讓他們感到愜意開心。但不論你做得再完美，有些顧客依舊能找到抱怨之處！檯燈不夠亮、沒有HBO台可以看、點心菜單上居然沒有無麩質的果醬吐司餅乾！

服務業總有一大堆坑洞等著被填平，這就是為什麼有時候行政主管會陷入處理客訴的無止盡循環裡，老是採取守勢，從來不曾主動進攻。

魔法城堡飯店的主管採取攻勢，他們沒打算做到事事完美，即便大廳有點像汽車保養廠的等候區也沒關係，但他們會抓牢讓你難忘的時刻。總經理戴倫．羅思經常鼓勵員工，創造出讓顧客驚喜的時刻。有對夫婦晚上回到飯店，和一位職員談天時，不住地誇讚當地某間酒吧的雞尾酒有多好喝。翌日，當他們出門觀光回到房間後，驚訝地看到房裡有一樣禮物。禮物是那名員工特地跑去那間酒吧，想法子問到了雞尾酒的配方，買齊材料好讓他們能親手調製。所謂的採取攻勢就像這樣。

（有關這個邏輯，書末的註釋裡會提到這種思考方式的唯一例外。研究結果顯示，當顧客因為產品或服務有瑕疵找你時，你應該以防守為主，意思是致力於解決問題，而非試圖「取悅」他們。）

「多項調查均顯示，可靠、可信，再加上稱職的能力，便能達到顧客的期望，」德州農工大學教授暨服務專家倫納德·貝里這麼說，「為求超越顧客的期望，打造令人難忘的經驗，你得在服務和人際層面下工夫，掌握驚喜的要素，而這一點來自於人與人的互動。」不過令人訝異的是，大多數服務業主管都對這項「達到期望VS.超越期望」的研究置之不理。

頂尖的研究顧問公司弗瑞司特（Forrester）有一群鑽研顧客體驗的研究員，每年針對十二萬餘名顧客調查他們和各種企業打交道的經驗，包括銀行、旅館、汽車製造業者、電腦製造商等等。最近一項名為「二〇一六年美國顧客體驗指數」的調查，其中一個問題是顧客對這次體驗的感受。請他們用一至七分的量表，為心中的感受評分，一分表示感覺非常糟，七分是非常好（下圖）。

1	2	3	4	5	6	7
非常糟			沒什麼感覺			非常好

如果你是服務業的高階主管，面對這個統計結果會怎麼處理？你大概會不怎麼關切給七分的客人，畢竟這些人愛你，而且很滿意。但既然其他給一至六分的人都覺得有改進空間，你會先關注誰？你會想法子為一分，那群被你搞得很悲慘的族群先解決問題，抑或想優先取悅給六分的人，好將他們推向完美七分？在理想世界裡，你會想方設法將所有分數統統都拉抬到七分。然而，在現實世界裡，時間和注意力有限，你不得不妥協。所以，你要先關注哪一群客戶？

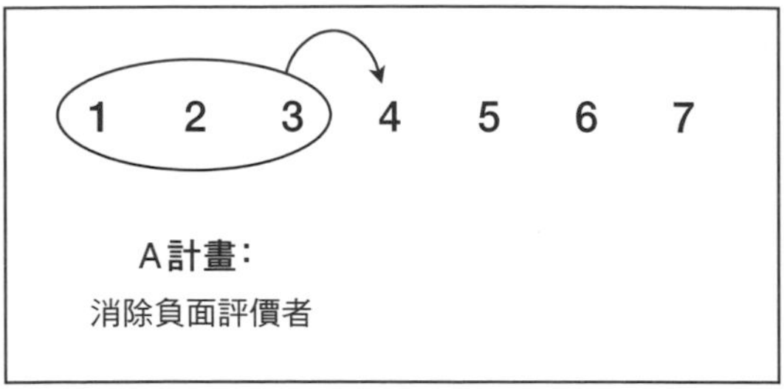

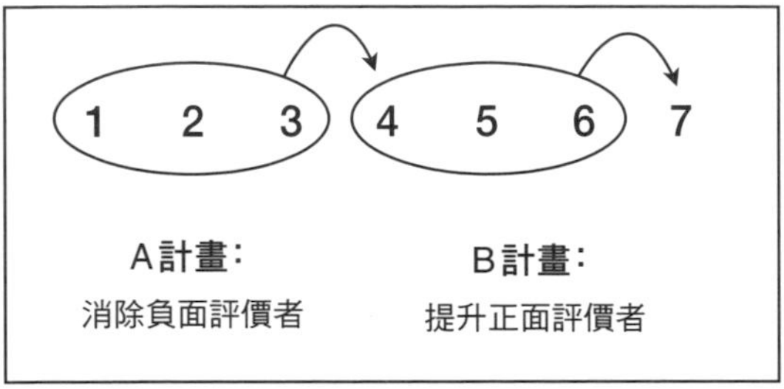

先稍微簡化這個題目，假設你得從兩個計畫中選一個。A計畫可以神奇地消除所有不滿意的客戶（給一、二、三分的人），讓他們變成四分（上圖）：

而B計畫會立刻讓所有覺得「普通」到「還不錯」的顧客變成七分（下圖）：

你會選擇哪一個？

我們向數十位重視顧客體驗的高階主管提問，哪一種計畫更符合他們公司分配時間和資源的方式。那些廣受推崇的品牌，如保時捷、迪士尼、先鋒集團（投資巨擘）、美國西南航空，與直覺軟體公司的主管表示，普遍來說，他們估計公司會投下百分之八十的資源在試圖改善最糟糕的顧客體驗（上圖）。

乍看之下似乎合理，他們努力消除最嚴重的顧客問題。但以策略性投資來說，這是愚不可及的行為。

現在來說理由。弗瑞司特的研究人員建立了顧客的經濟價值模式，他們從調查回饋中得知，給七分最滿意的航空公司顧客，翌年大概會花兩千兩百美元搭飛機，反觀給四分的顧客只會花八百美元。換做包裹運送業，則分別是五十七與二十四美元。

換句話說，不論哪一個產業，最滿意的這群人往往願意再掏出最多的錢，因此，將四分移往七分會比將一分移到四分刺激更多消費。進一步說，四至六分區間「有正面感受」的人數遠遠超過一至三分區間「有負面感受」的人數。所

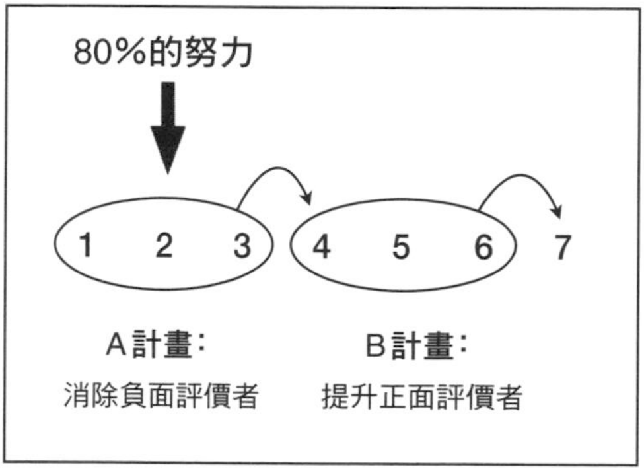

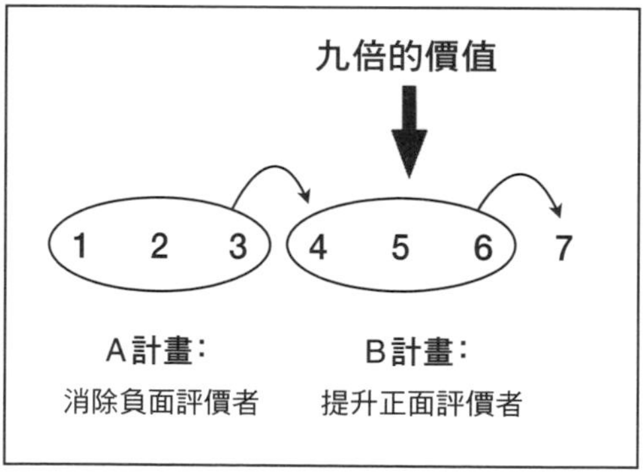

以，若採用B計畫，你不僅將在每一名顧客身上創造出更高的經濟價值，同時也會和更多顧客建立良好的關係。

由此可知，選擇A或B會導出完全截然不同的結論。弗瑞司特公司搜集到的數據，顯示出以下令人詫異的結果，若你提升正面感受（B計畫），每年的收入會比消除負面感受（A計畫）高出九倍。（見第六十九頁下圖）（準確一點說，是八．八倍。）然而，大多數領導階層仍決定採用A計畫。（以下註釋將解釋上述調查結果所採行的「方法論」，以及很可能會出現的反駁之詞。）[4]

先聲明，我們並非鼓勵高階主管不去花力氣解決大問題，只是建議應調整比重，讓態度正面的顧客更加滿意（提升），而不是讓態度負面的客戶消失，如此便可增加九倍收益。

而提升的過程，要讓顧客們願意給予七分評價，要做的並非僅是填平低谷或鋪設馬路上的坑洞。為了吸引更多粉絲，你需要出奇制勝，也就是要有高峰。而高峰不會從天而降，必須靠你去建造出來。[5]

建立高峰，再辛苦都值得

該怎麼建立高峰？你要創造具有提升、洞察、榮耀與連結等要素的正面時刻。稍後我們會探討後面的三個要素，但現在先專注討論「提升」這件事。

想提升某個片刻，首先，要增加感官魅力；其次，是提高賭注；最後，別按照腳本走。

（不照腳本走意謂著顛覆對某項經驗的期待，下一章會專門討論這個概念。）營造提升的時刻不必時時囊括這三件事，但至少應包含其中兩件。

增加感官魅力說的是「調高現實的分貝」。讓事物顯得更好看、更美味、更悅耳，或帶來更棒的感受。婚禮上有鮮花、美食、音樂和舞蹈。（而且不見得要花大錢，參見譯註。[6]）戴上白手套的服務生端著銀製托盤，為住宿房客送來好吃的甜食，這是冰棒熱線服務。人性審判在真正的法庭裡進行。

人們經常穿上不同的服裝，諸如畢業袍、婚紗或地主隊的代表色，出席象徵高峰的場合。在奚斯戴爾高中，扮演律師的學生穿上西裝，證人也穿上那個歷史時期的服裝。顛峰意謂著有特殊的事情發生，看起來就該不一樣。

提高賭注是為了增加「適當的壓力」，像是競爭、比賽、表演、期限，或者公開做出承諾。試想一下，籃球賽前的緊張不安，「高四生簽約日」登台前掌心汗濕和興奮激動的心情，或者奚斯戴爾高中學生必須通過「畢業生展示會」的口試壓力。還記得貝德芙老師說，她和喬敦斯在設計人性審判時，故意用各種方式，提高學生在陪審團面前進行審判的難度，而陪審團成員包括了校長和大學代表隊的四分衛，這便是壓力。

有個簡單的診斷方式能確定此舉是否超越平凡，那就是有沒有拿出相機。一般而言，拍照一定代表著場合特殊。（自拍狂不算，他們覺得自己的臉就已算符合特殊場合。）我們想捕捉某個瞬間，意味著我想要記得這一刻，這就是提升的一刻。

同理，削弱感官魅力或減少賭注，就會讓某一刻變得平淡乏味。想像一下無知的老闆可能說出以下的話：

- 「喔是啦，提供冰棒給房客是滿可愛的點子，但說實話，設一支全天候有人接聽的熱線電話真不實際。不然在製冰機旁放一台冷凍庫，讓冰棒可以自取，怎麼樣？」
- 「人性審判真的有需要做出判決嗎？讓雙方都覺得自己是贏家，不是比較好嗎？」
- 「是的，高四生簽約日是很棒的傳統，但我們的學生人數超多！如果把他們的大學志願印在節目單上，還不如再加一場激勵人心的畢業演說。」

要注意「合乎常理」容易使人意志消沉，除非抱著即使從高峰掉下來也再所不惜的決心。否則，就會像道路上讓車子減速的路面突起丘，合乎常理但缺乏高峰，而高峰處處的聖母峰則完全相反。

此時，我們猜想你會喜歡人生或工作上有更多高峰。沒問題，但你可別低估讓它發生的難度。觀念用說的簡單，執行起來卻很困難。

困難的原因在於，創造高峰並非任何人的職責。貝德芙和喬敖斯得按規定教授英文和歷史，並為學生的報告和考試打分數。但舉辦人性審判卻純屬個人抉擇，兩人必須克服無數令人心煩的障礙，包括其他人的態度與組織人力等問題。（只要光想，他們得要花多少力氣，才能安排幾輛校車在非正規時間，載送一大群學生到城裡的法庭，尤其這種校外教學並未編列在預算內，就知道這件事有多困難。）合乎常理的思維很容易在這種時候悄然出現。

再舉一例：記得強鹿公司的到職日體驗嗎？誰都想得到這種計畫，對吧？你大概以為強鹿各地的分公司都想這麼做。

但是並沒有。執行時始終窒礙重重，弗萊帶領小組成員規劃出這種體驗，但這個小組屬於內部品牌化的團隊。縱然團隊設計了這項體驗，但要不要推廣的決定權，仍是在強鹿每一間亞洲分公司的手上。儘管在印度和北京，這項體驗倍受歡迎，但也有其他分公司完全置之不理。為何如此？因為這不是任何人的職責，而且很麻煩，更何況總是有看起來更緊急的事要處理。

基於同樣的運作規則，我們也很難在私人生活中創造高峰。想像你跟一個好友一直想看北極光，你們倆都將此事納入畢生的願望清單裡。你甚至選定加拿大的育空地區，覺得那裡最適合欣賞北極光。若你現在就打電話給那名朋友，認真討論這趟旅行，會怎麼樣？

你大概猜想得出接下來會發生什麼事，首先，會是連續三星期的電話捉迷藏，你老是找不到對方；接著，從一開始「我們非這麼做不可」的興致勃勃，回歸到現實：擔心請假對工作造成的影響、兩人的行事曆很難配合、小孩趕不上學校進度怎麼辦、錢的問題。要是沒帶另一半去，你會有罪惡感，他們要一起來嗎？當然！好，現在變成有四份行事曆要統合，更衍生出得請保姆照顧小孩的問題。

結論是：也許明年再試一次？

我們並非想戳破你的氣球，恰好相反，我們想鞏固你的決心，建立高峰遠比你想像的更加困難。不過一旦辦到了，你就會覺得過程中的每一分努力都是值得的，屆時你便創造出屬於你的關鍵時刻。

感謝老天，我還有三個月可活

尤金．歐凱利（Eugene O'Kelly）那本感人肺腑的回憶錄《追逐日光：一位跨國企業總裁的最後禮物》（*Chasing Daylight*），只為了闡釋全書開頭那一句非凡的話：「我蒙受了祝福，被告知還有三個月可活。」

二〇〇五年五月最後一週，歐凱利的醫生說他罹患了罕見的膠質母細胞瘤。他的大腦裡長了三顆高爾夫球大小的惡性腫瘤，而且無法治癒。那時歐凱利五十三歲，在資本額達四十億美元、雇用兩萬名員工的安侯建業會計師事務所擔任執行長。他有太太柯琳和兩個女兒，次女吉娜十四歲，還在學校等著放暑假。吉娜秋天回學校上課時，可能就沒有父親了。

「我和柯琳為未來所擬定的計畫，統統得捨棄。」他說，「因為原先以為的人生不復存在，我越早放棄這些計畫越好。我得想出新目標，而且要快。」六月八日，診斷出爐後兩週，他卸下安侯建業公司的管理職位，然後做了一件再自然不過的事，他重新再擬定一個計畫。「能說什麼呢？會計師不只是我的職業，也是我的處事方式……如果沒規劃，我根本不知道怎麼去做，包括面對死亡一事。」

那晚，他在家中的餐桌上畫了五個同心圓，涵蓋了他全部的人際關係。家人位於圓心，外面的圓圈是沒那麼親近的關係，包括生意夥伴。他決定要解除這些關係，用「極其美好的方式加以抹消」，有系統地由外向內逐一解開。他知道，待他日益病重，會想要更多時間，靜靜地和最親近的人相處，尤其是家人。

他開始著手解除最外圍的兩層關係，方法很簡單，撥一通電話或互通電子郵件，說說共有的回憶或惺惺相惜之情。他盡量小心別讓對話變得太傷感或使人不快，他希望這些對話是特別的。

第三、四層圓圈是較為親密的朋友和同事，他單獨找他們見面。歐凱利希望碰面的時光充滿「欣喜和諸多樂事」。有時候，他們共享一頓美食；有時則選擇在美麗的地方碰面，坐在水池旁的公園長椅上，或在中央公園裡散步（在風險升高的氣氛中，增加感官吸引力）。在解除關係的過程中，歐凱利和這些朋友交換彼此的故事，暢談人生，由衷感謝他們的友誼。

他赫然發覺這些高峰是完美的時刻，在他看來，此刻他的使命就是在這餘日無多的人生裡，盡量創造更多的高峰。

夏天過了一段時間，他開始跟摯友和家人共度更多時光。他已經來到正中央的圓圈，和兩個妹妹羅絲和琳達道別。到了八月，他和妻子柯琳、女兒吉娜搬去第二個家，位於內華達州的塔霍湖地區。那時，為了縮小腫瘤，多延續數週的性命，歐凱利已經進行放射線治療一段時間，此刻的他非常虛弱。

八月下旬，他母親和弟弟搭機來塔霍湖度週末。這次的拜訪將是他們最後一次解開情感關係的時刻。在那個美麗的星期日，他們一同在湖上划船。

歐凱利寫道：「我們在湖上划了一會兒，然後我牽著母親的手，陪她走到船頭去說話，只有我們倆。我告訴她，我現在狀況不錯，日後會在天堂見到她。她有堅定的信仰，能夠平靜接受此事……那是美好的一天，我感到圓滿，疲憊卻很圓滿。」

當天傍晚，母親和弟弟回去後，他躺在長沙發上，柯琳枕在他的臂彎裡。她察覺到他將不久於人世，談起他一旦「缺席」的種種情況。他說，「妳現在就得接手，我能做的都做了。」

約莫兩星期後，二〇〇五年九月十日，歐凱利死於肺栓塞。

臨終前那段日子，歐凱利對於片刻的非凡力量有所領會。他寫道：

「我在這兩個星期內所經歷的美好片刻，遠比過往五年加起來更多，也可能比我未來五年還要多，如果仍繼續過著得知診斷前的生活，翻一下行事曆，你看得到前方的美好嗎？還是說，它們只是被隱匿著，除非你找到一種方式讓它們顯露出來。如果我對你說，你的目標是創造三十個美好的日子，你辦得到嗎？需要花多少時間？三十天？六個月？十年？還是永遠不會成真？我覺得自己彷彿用一天活出一星期，用一星期活出一個月，用一個月活出一年。」

現在，再看一次歐凱利回憶錄起頭的那幾句，尤其是最後兩字：「我蒙受了祝福，被告知還有三個月『可活』。」

他因為生命有機會得知期限而覺得蒙受祝福。難道我們不該像他一樣，對重要時刻抱持同等的熱誠？也許我們能夠活得比他久，但這不該成為拖延的藉口，不是嗎？

這便是人生最大的陷阱，一天接著一天，一年過去了，而我們始終沒去找某人，開啟那場對話；我們沒為學生創造顛峰時刻；沒欣賞北極光。我們僅是日復一日走在坦途上，而忽略了腳下的它，原來可以是千巖萬壑的大山。

擺脫這種慣性並不容易。於歐凱利而言，是絕症讓他辦到的。

那麼，什麼事能激勵你創造美好的一刻？

第四章　不必按腳本走

變化是生命的調味料。學會辨認屬於你的那些劇本，時而撥弄、翻找，時而把它們打亂，但別老是這麼做，只要足以讓生命維持新鮮感即可。

打造驚喜有助於獲利

克里斯．胡恩（Chris Hurn）的兒子不肯上床睡覺。小男孩剛從佛羅里達州的阿米利亞島度假回來，這是回家的第一晚，但他不小心把喬西留在佛州，忘了帶回來。那是他心愛的長頸鹿絨毛娃娃，沒有喬西他就會睡不著。胡恩面臨尷尬的處境。

父母向來願意做任何事，好讓小孩乖乖睡覺。胡恩評估了幾個選項，最後決定撒點小謊。「喬西沒事，」他對兒子說，「它只是留在度假村，打算再待久一點而已。」他兒子似乎相信這套說詞，然後不知不覺睡著了。

當天稍晚，麗思卡爾頓酒店的員工來電說喬西已經找到了，胡恩不禁大大鬆了口氣。胡恩向這名職員解釋他是怎麼告訴兒子，也請對方幫個忙，能否代為拍一張喬西躺在泳池畔休閒椅上的照片，好證明喬西一直在度假。

幾天後，喬西到家了，還附上一本滿是相片的活頁簿。其中一張是喬西在泳池旁休憩，另一張是喬西開著高爾夫球車，有些則是拍它跟酒店的鸚鵡一道去SPA美容中心按摩，雙眼敷著切片的小黃瓜，期間甚至密切注意控制室裡的監視攝影機。

胡恩和妻子很高興，他們的兒子更是開心不已。胡恩為這次經驗寫了一篇部落格文章，流傳甚廣。

為什麼大家都愛喬西的故事？因為它超出了我們的預期。當一名男孩度假時丟失了心愛的玩偶，接著會發生什麼事？頂多就是被寄回來吧，而這還是運氣好的狀況。（就算如此，也很可能是被塞入箱子裡，以節省郵資。）

但麗思酒店的員工卻願意花時間拿著長頸鹿玩偶，在各個角落拍下誇張可笑的照片，像是「有人正在用切片的小黃瓜敷眼睛呢！」這種方式來取悅房客，而且這房客甚至早就退房回家了，這麼做雖然奇怪，卻有不可思議的效果。

麗思酒店的職員沒按腳本走。script（腳本、劇本）此處的含意，可推溯至一九七〇年代進行的研究，指的是我們對某一類經驗的預期。比方說，「餐廳劇本」大概會像這樣：我們走進餐廳，有人過來招呼，帶我們去某張桌子，遞菜單給我們。然後另一個人端水過來。負責我們這一桌的服務生過來詢問要點什麼飲料，諸如此類。這是餐廳的運作模式。

心理學家羅傑・尚克（Roger Schank）與羅伯特・布森（Robert Abelson）利用腳本的概念

來說明我們的大腦儲存、獲取知識的過程。讓我們試著想像這個簡單的場景：

約翰點了一個漢堡。
拿出來時是冷的。
他給一點錢當小費。

這個場景很輕易就能在腦中形成畫面，但會稍微不夠完整，因為裡頭完全沒提到服務生、餐盤、餐桌，甚至餐廳本身。於是我們心中既定的餐廳劇本就會腦補所有遺漏的細節。現在再想想另一種場景：

海芮特去參加傑克的生日派對。
蛋糕很難吃。
海芮特給傑克的母親非常少的小費。

等等，這是什麼超展開的劇情？關於生日派對，我們也有一套制式的劇本，父母送生日禮物，朋友聚在一起吃蛋糕，孩子們試著大力敲擊動物玩偶，直到糖果掉出來為止。但是我們從來不會給壽星的媽媽小費，這篇腳本顛覆了常見的劇本。

我們在上一章讀到，創造「提升的時刻」需要加強感官的愉悅，並且提高賭注（增加風險）。顛覆劇本，不按照腳本走，意即違反人們對某種情況的期待，則是第三種方式。

「不按照腳本」不正是驚奇（surprise）的另一個說法？是的，某一刻那麼令人難忘，是出於超乎預期，但並非只是說一聲 Surprise! 就完事，重點在別處。驚奇是廉價易得的東西。若本地的電力公司通知說「每週二停電」，會讓人驚奇（若限電是為了儲存電力，供每週六大規模點亮捕蚊燈所用，就更令人吃驚），但這種驚奇沒達到任何目的。

顛覆腳本不光是驚奇而已，而是要巧妙運用驚奇，以達成計畫。麗思卡爾頓酒店為喬西製作了一本相簿，讓人明白他們有獨到不凡的服務，這不只是舉手之勞日行一善而已。

「顛覆劇本」有別於一般令人驚訝的狀況，它的重點應放在讓人思索腳本這件事本身。我們的人生充斥著各種腳本，像是你們家是怎麼度過星期天的腳本、團隊召開工作人員會議時的腳本、在飯店辦入住手續的腳本……等等，不一而足。要想顛覆劇本，首先就得好好了解手上的劇本。

在麥當勞用餐，這個腳本是如此熟悉，幾乎到了能提供安全感的地步。無論身處世上任一間麥當勞分店，你都能夠預期到相去幾無的經驗，這種感覺其實滿好的。但問題在於，熟悉感和難忘的特質互相扞格，誰會珍惜上回在麥當勞用餐的經驗？如果你想為顧客創造永生難忘的一刻，你得顛覆腳本才行。

旅遊網站 TripAdvisor 針對旅館評論所進行的研究發現，當住宿房客表示體驗中有「驚喜」

時，高達百分之九十四的人願意推薦這間旅館，評價「相當滿意」的房客裡則僅百分之六十表示願意推薦，而「相當滿意」已經是高標的分數了！由此可知，令人愉快的驚奇，重要性不言可喻（想想冰棒熱線）。但你該如何復刻「驚喜」呢？

某方面來說，魔法城堡飯店這一招滿容易複製的，因為住宿客人大概一生只拜訪飯店一、兩次，冰棒熱線永遠不會變得無趣。但要是顧客每星期、甚至天天來，該怎麼辦？這就比較棘手了。

試想一下，某間咖啡店老闆打算每週五贈送義大利脆餅。第一個有免費餅乾可拿的週五，必定充滿驚喜。但到了第四個禮拜，免費的脆餅會變成一種理所當然的期待。倘若這項優惠取消，不難想像顧客（不知感激的傢伙！）會有怨言。

所以你該如何三不五時甩開劇本，讓某件事變得重要，卻又避免陷入例行公事的輪迴，以致客人習以為常？有個辦法是引進隨機的變數。譬如Pret A Manger連鎖快餐店（下稱Pret快餐店）的老主顧都會留意到，店裡偶爾會隨餐附贈某樣東西。有位研究服務的專家提到關於獲贈免費咖啡一事，「過去這幾年收過好幾回，次數多到不像是巧合，卻又少到無從預期。身為顧客，覺得受到重視，我忍不住露出微笑，下次還想再來。」

研究發現，這些「未刻意安排」的禮物其實有一半靠人力而成。公司容許每一名員工每星期送出一定數量的熱飲和食物品項。公司執行長克萊夫・施利（Clive Schlee）談及旗下的員工，「由他們自主決定『我喜歡這個騎腳踏車來的人』或『我喜歡那個打領帶的傢伙』，或者

『我對那個女孩或男孩有好感』。有百分之二十八的人曾拿過免費的餐點。」

思考一下，接近三分之一的顧客曾得過免費禮物一次。（若他們有可愛的酒窩，也許拿過好幾次。）

其他連鎖零售店也會給持有會員卡的顧客一些類似的折扣或贈品，但施利對《英文虎報》表示他反對這種做法：「我們考慮過發行會員卡，但我們不想花一大筆錢去做那種複雜的會員卡分析。」

再怎麼有巧思，若採會員卡制度，這類「好康」也就變成系統的一部分，但Pret快餐店為好康注入了驚喜和人性。請注意，贈品不僅讓顧客滿意，也讓發禮物的員工倍感滿足。在員工一切行為均受到強力約束的產業裡，擁有些許裁量權令人感到安慰。嘿！每個星期，把某樣東西送給某個看起來順眼的人。對他們而言，這是不按牌理出牌的腳本。服務業的驚喜，往往同時取悅了員工和顧客。

另一個驚喜的例子和美國西南航空公司有關。這間公司因提供乘客低廉的票價和友善的服務，業績因此蒸蒸日上。西南航空的空服員即使面對勤務中比較枯燥的部分，也會想法子找出樂趣，比如說念飛行安全廣播詞，其中有許多逗趣的廣播詞，這些年來已經廣為人知。事實上，西南航空公司的總部有一道「名人牆」，便收錄了幾則最好笑的笑話：

● 各位女士、先生，如果你想要抽菸，本機的吸菸區在機翼（註：wing是機翼、也是翅膀）；如果你可以點著火，就可以抽菸／燻製翅膀了（註：smoke同時指吸菸和煙燻）。

- 為了有助於氧氣流通，請先拉下面罩，覆蓋住口鼻，投入一個二十五分的硬幣後，我們將輸送五分鐘氧氣，之後每五分鐘一角硬幣。請自備零錢！
- 若你生活中需要背心，那麼這件救生衣就是你的了（譯註：life vest是救生衣，vest是背心或汗衫）。
- 自己先戴上氧氣罩，再幫小孩戴。如果你這趟旅行不只帶一個小孩，就看哪個小孩比較有潛力，或者不太可能把你丟在安養院，優先幫他戴。

這些俏皮話帶來高峰，因為它們不照一般廣播的腳本走。這些話耗費多少成本？它們有帶來任何經濟價值嗎？某次西南航空分析團隊開討論會，那是一群專門分析顧客資料，好提出有用觀點的團隊，本書作者之一奇普問大家：「乘客聽到好笑的飛行安全廣播詞以後，會多搭幾次班機？」

滿室一片靜默。他們先前雖尚未討論過這個問題，但肯定自己回答得出來，因為手上有正確的數據。一如許多公司，西南航空也瘋狂地搜集顧客的資料。不過，跟大部分公司不同的是，他們手上的數據，是以能提供做重大決定的形式而呈現的。譬如說，分析團隊先前已經弄清楚，旅客不太計較班機稍微延遲，但若超過二十五或三十分鐘，就可能導致以後不再搭西南航空的班機。因此，西南航空的管理階層評估再買兩部波音七三七飛機，當作後備飛機，就算其他飛機停飛，也有備胎可派上用場。這項投資雖無法消弭延遲狀況，卻足以緩和事態。全部成本多少？每架飛機是五千至七千萬美元，成本直逼一億兩千萬。

這個集思廣益小組（insights team）對飛安廣播詞產生極大的興趣。包括法蘭克・圖里、凱蒂・波因坦與麥可・歐弗利在內的成員，仔細鑽研顧客資訊。公司多次調查後發現，大約每七十名乘客裡，就有一人會主動提及聽過好笑的飛安廣播詞。這個集思廣益小組利用這些調查甚至找出搭乘同一班班機的全部乘客，因為他們都聽過同一個段子的廣播詞。

這個小組最想分析的對象，是那群每年搭西南航空超過一次的旅客，因為搭機次數過少的乘客會難以分辨行為當中的變化，分析這群「忠實乘客」的結果顯示，若搭的班機有播放好笑的廣播詞，翌年他們會比沒聽到這類廣播詞的忠實乘客，多飛一半的航程。（當然這是平均數字，因為很難有只飛一半的航程，除非有降落傘。）

這些多出來的一半航程價值幾何？按分析團隊估算，若西南航空能讓聽到幽默廣播詞的旅客增加一倍，結果便是每年營收多出一億四千萬美元！比花在兩架七三七的錢還多。這個營收是年度數字，換句話說，你只要繼續提供喜劇表演，讓空服員多講幾個笑話，每年就能賺到相當於兩架噴射機價格的額外收入。對投資報酬率來說，這是極其驚人的數字，尤其是這並未真正挹注金錢成本，你甚至無須訓練空服員，只要重複播放好笑的錄音片段就行了。正如Pret快餐店的例子告訴我們，驚喜會帶來巨大的價值。

接連創立多家企業的史卡特・貝克（Scott Beck）認為「驚喜」算是零售業的基本配備。

貝克曾在百視達、波士頓市場公司（原名波士頓雞肉）和專賣貝果的Einstein Bros早餐店，三家大型連鎖零售企業擔任管理要職，他表示，讓生意壯大的祕訣是「減少負面的不一致，同時增加正面的變化」。所謂減少負面的不一致，是指避免各家分店用不同方式經營，導致顧客的體驗變差。若某間分店把貝果烤得恰到好處，而另一間店十次有五次是焦的，這就是負面的不一致。為求解決這個問題，老闆必須設定一套標準化的系統，確保每回烤貝果都不出錯。

但貝克也認為不該完全排除顧客獲得「不同」待遇的機會，上述論點成立的前提是在，服務要有最基本的素質，例如員工必須有禮貌，直視顧客的雙眼等。不過，顧客想要和需要的事物，往往有極大的差異。有些顧客喜歡聊幾句，有些人則要求快。有些人的心情極佳，也有人眼角猶有淚痕。若想增加正面的變化，必須將「人性」和「順其自然」納入系統，而這意謂著必須給予員工一定程度的自由，不必完全照劇本走。

這種見解不僅適用於員工，用在父母身上也很貼切。我們在家中老是忙著「減少負面的不一致」：讓小孩準時去上學、解決家庭生活的混亂、平息手足之間的口角。但我們平常也花了不少精力增加正面的變化，不是嗎？

舉個例子，當我們為本書進行研究時，定期找幾組人做練習，看他們是否覺得本書的點子實用。其中一項滿受歡迎的練習叫做「週六驚奇」，指令簡單至極，那就是改變每週六的固定劇本。

大家做這件事時似乎都很愉快。兩個口袋見底的室友湊了點油錢，開車去紅石，那是個位於科羅拉多州的露天圓形劇場，四周圍嶔石磊磊。有個浪漫的丈夫為妻子安排了一場黃昏野餐，地點選在德州聖安東尼奧的河濱步道。還有一位媽媽要女兒規劃當天的活動，結果女兒回來交給她一份以小時為單位的計畫，她著實嚇了一跳。（這個媽媽說：「我是工程師，所以挺開心的！」）

週六驚奇催生出微小的關鍵時刻，只要跳脫日常行程，就能創造更多的高峰。

發揮創新的力量，就從走出辦公室開始

顛峰時刻使人生更有滋味。它們讓高中教育更形豐富（人性審判），讓飛行不再索然無味（西南航空），也使小朋友雀躍不已（喬西的假期）。從這層面來說，它們有如長青樹，任何時候都生生不息，不會喪失它們提升的力量。但別忘了顛峰亦可用來標示轉折，像是婚禮或畢業典禮。因此，帶領改變的高階主管在創造從「老派」過渡到「新氣象」的高峰時，可以慎重思考後再著手進行。說到底，改變的重點在於，必須捨棄原先的劇本。

二〇〇八年，威富集團（VF Corporation）的執行長要求策略部門的副主任史蒂芬．道爾，想個辦法加強公司的創新風格。道爾和一名新近雇用的員工佘舜，共同負責這項創新專案，兩人做了一份數據翔實又頗具見解的簡報，仔細說明這項計畫。由於他們倆都曾擔任過顧問精於此道，因此不斷精修這份計畫，最後的簡報成了長達一百二十張投影片的檔案。

離他們對全公司做簡報的期限只剩兩個月，道爾突然對這種方式失去信心，逕予銷毀。他

明白若真要成功，就得另闢蹊徑。

威富的情況稍嫌複雜。你可能沒聽過這間公司的名號，但它旗下有一系列知名流行品牌，包括Wrangler、Lee等牛仔服飾、Vans潮牌T恤、Nautica休閒服飾、JanSport流行背包，以及Timberland休閒鞋、North Face戶外運動用品及服裝。一直以來，這些品牌皆是自主經營，而控股公司威富僅需提供金錢資助與後勤人力。但二〇〇八年經濟崩盤，這間公司面臨了瓶頸，讓高階主管重新思考，是否仍要採用鬆散的聯盟形式來經營威富集團。

比方說，North Face和JanSport的同質性很高，均鎖定戶外用品，連銷售的商品都差不多，譬如背包。這兩家公司在加州的聖萊安德羅，位於同一棟建築，只用辦公室的小隔間權充牆壁，加以區隔。不過余舜表示，「那道牆堪稱可比擬南北韓的非軍事區。他們彼此之間不交談，不共享資訊，不分享任何想法，卻跟同一批供應商說話，創造出頗為相似的東西。」

這些品牌不光是獨立經營，還像孤島一般封閉。他們變得太過依賴批發商一時興起的念頭，批發商這些人在服飾產業中負責預期消費者的品味，他們似乎總是認為，消費者不知道自己三年後想要什麼。余舜說：「所以我要告訴他們，如何找出消費者真正想要的是什麼。」

太過信任批發商讓這些品牌學習的本能變得遲鈍。這些品牌不再親近消費者，也不再滿腦子想著競爭對手，或尋求新的合作關係。基本上，這正是道爾和余舜想要試圖扭轉的文化惡習。他們希望這些品牌互相學習，不僅如此，還要向門外的廣大世界看齊。

道爾決定毀掉這一百二十張簡報投影片時，意謂著他和余舜必須從頭再來。他們知道自己並不需要同事們去了解，而是去感受。而這一切必須在二〇一〇年九月於洛杉磯召開的領導大會上呈現。

「我們決定要徹底改變這場即將舉行的大會。」道爾說，「標準的領導大會是什麼模樣？唔，你去到某個地方，走進天花板低矮的會議室，圓桌旁都放著同一款式難坐的鐵椅。而每一位上台演說的人講話都很枯燥，多半是公司內部的人……這就是你的領導大會。」

道爾在那場會議上擬定了一項顛覆腳本的計畫。改變文化很難，要慢慢來，但為了爭取成功的機會，這場會議需要一次震撼教育。

當這一百五十名同事抵達位於洛杉磯的會議室時，現場沒有桌椅。只有沙發，以及足夠容納所有人的空間。威富集團的執行長埃里克・魏思曼（Eric Wiseman）站起來宣布會議開始。「每個人都稍微調整好坐姿，打算聆聽半小時的致詞。」道爾說，「但並未發生這種事，魏思曼宣布接下來兩天的會議，大家要到外頭想想新點子。」

不到五分鐘，大家已經走到外頭搭公車，前往各種不同的地點。某個小組參加一個美容醫學工作坊，在場專家會替每一名參加者化妝，挑選服裝，之後讓他們擺好姿勢，拍下一張照片。另一組人和塗鴉藝術家攜手在洛杉磯的內城區，合法「改造」某棟建築物外觀。另外幾組分別去洛杉磯西部的馬里布上衝浪課、排練即興喜劇，或者和大廚沃夫甘・帕克煮一頓餐點。

「大部分組織希望大家想起某份簡報提案時，精神上能受到感召，然後做出不一樣的事。」余舜說，「正視現實吧，大部分簡報不太會激發情緒，這就是我們決定加以翻轉的原因。我們要邀集大夥兒做點不一樣的事。這麼做有助於產生情緒反應，這樣他們就會有所感受。然後，他們便能更進一步想到自己到底學到了什麼？」

道爾和余舜在這場為期兩日的領導會議上，達成了某項重大目標：他們生動地表達了公司的新策略。發揮創新力量得先從走出辦公室開始，而且這件事沒半分「壞處」，感覺很棒！它刺激你，讓你舒展開來，恢復飽滿的元氣。

這趟放鬆之旅使眾人對實現創新的新方法充滿熱情，而這群同事回家以後，便開始採納「到外面去」的訊息。JanSport是背包廠牌，「我們以前老是把自己想成『攜帶物品』的廠牌，是為了想揹東西到處走的人們而存在。」總裁史帝夫・孟恩說。但他們逐漸觀察到人們使用背包的方式有許多種，從通勤族、學生，乃至更「極端」的使用者，如登山客或遊民，因而體會到一件事，人們攜帶包包不光是為了從A地到B地，還會在「第三種」地方，像是咖啡館、公車或圖書館等也使用背包。假如未來的背包可以充當攜帶式書桌，還有內建的插孔，供3C產品使用，只要再帶一條延長線，就可以在星巴克的牆上插電使用，該有多棒？

Wrangler牛仔品牌的一群人和幾位結構工程師見面，聊到了支撐橋梁的懸臂，又稱為單側的定錨結構，許多橋梁和樓房都有類似的設計，若跳水台或陽台有一端被穩穩固定住，另一側就能看起來像是毫無支撐般的懸空。

懸臂設計能夠支撐笨重的結構，還可增添優雅韻味，這就是「提升」。Wrangler的人突發奇想，啊哈！我們要用這個來設計牛仔褲的臀部！翹臀牛仔褲就此誕生。不久，威富另一個叫做Lucy的品牌也納入了這個想法。這個例子充分展現了「互相學習」的精神，也是余舜和道爾對各個品牌的期盼。

在洛杉磯召開大會過後六年，威富每年的營收從七十億躍升為一百三十億美元，而且增加的收入大多來自於實質的業務成長，而非收購。據道爾估計，目前威富正在開發的創新產品，亦即處於設計、測試階段，打算生產後送去零售商店陳列的商品，約值十六億美元。這些商品是由「走出辦公室尋求點子和靈感」的企業文化所孕育、創造出來。

而這場文化演化的關鍵時刻，正是當年那場在洛杉磯舉行的領導大會。從沙發、公車，乃至創造性考察活動，那場為了策動奇襲而召開的大會。

記憶突點來自「新奇」

對公司高層主管來說，打破腳本是用來改造旗下品牌的方法，就威富集團而言，則是強化創新的策略。顛覆劇本若是運用在組織以外的地方，則有更廣大的意義。這項原則有助於解釋為何我們記得什麼？不記得什麼？它解開了記憶中最有趣的一個謎團，又叫做「記憶突點」（reminiscence bump）。

由杜拉琴・伯恩斯坦（Dorthe Berntsen）與大衛・魯賓（David Rubin）主持的研究，要求受訪者想想，這個剛出生的嬰兒會有什麼樣的人生，預測「這個嬰兒一生可能會遇到哪些大事」。被提及最多次的事件，以下依序列出，看看你能否注意到其中隱含的模式：

1. 生小孩
2. 婚姻
3. 上學
4. 進大學
5. 墜入愛河
6. 有人過世
7. 退休
8. 離家
9. 父母過世
10. 第一份工作

發現了嗎？十件大事裡，有六件是集中在相對來說甚短的時期內發生，約莫介於十五至三十歲之間。（這種計算方式，是假設結婚、生子皆在這段時間內完成，當然並非人人如此，但對大多數人來說的確是這樣。）

同樣地，研究顯示，若你問年長者記憶深刻的事有哪些？大多也落在十五至三十歲這段區間，不太合乎比例對嗎？心理學家把這種現象叫做「記憶突點」。人生當中的十五年，以平均壽命來看占比不到百分之二十，為什麼能主宰了我們的記憶？

「記憶突點的關鍵在於新奇，」克勞蒂亞・哈蒙（Claudia Hammond）在《扭曲的時間》（*Time Warped*）書中這麼說，「我們之所以清楚記得青春歲月的事，是因為那段時期有許多個第一次……第一次發生性關係、第一份工作、第一次不必跟著父母去旅行、頭一回搬離家中在外居住，有生以來第一次，我們可以自己決定要怎麼過日子。」

新奇甚至改變了我們對時間的觀感。美國貝勒醫學院的凡妮・佩洛亞達思（Vani Pariyadath）與大衛・伊葛門（David Eagleman）進行過一項實驗，給受試者看一系列圖片，大部分都很相似，例如咖啡色皮鞋、咖啡色皮鞋、咖啡色皮鞋、咖啡色皮鞋、鬧鐘、咖啡色皮鞋、咖啡色皮鞋等等，偶爾會摻入一張新圖片。即使所有圖片停留的時間一樣長，受試者卻不這麼覺得，大家都覺得鬧鐘——那張打破原有模式的圖片，感覺上呈現的時間更久。這種錯誤認知源自於所謂的「怪球效應」（oddball effect）。

身為神經科學家的伊葛門表示，會產生怪球效應其實是大腦對咖啡色皮鞋的照片失去了興趣。第一次見到圖片時，你會仔細地瞧一遍，此時你的記憶正快速地「做筆記」。但隨著出現的次數增多，你的注意力會遞減。到了第七次，你只消匆匆一瞥就知道是同一雙鞋。然後，一旦你看到了不按規則出現的鬧鐘，又開始做筆記。這造成了記憶「密度」的差距，意即看到鬧鐘做大量筆記，相對於鞋只會匆匆一略而過，進而導致「鬧鐘圖片出現得比較久」的錯覺。

換句話說，新奇讓時間變長了。伊葛門運用了幾種相當極端的研究方法，來證明這項見解。他最為人熟知的是，要求自願參加的受試者從五十公尺高的平台上一躍而下，落入下方的網子。過後，受試者被要求估計方才墜落的時間，而估出來的時間比正確答案平均多出了百分之三十六。受試者的恐懼和專注讓時間彷彿增加了。（所以活久一點的祕訣是：經常把自己嚇得半死。）

這也正好說明了為何大家都覺得當人年老時，時間似乎變快了。這是由於我們的生活進入一成不變，缺乏新鮮刺激，如同我們越來越常看到咖啡色皮鞋，鮮少看到鬧鐘。

明白這一點，著實讓人感到沮喪。難不成最值得回味的日子，只在過去嗎？

滿有可能的，不過換個角度想，也不失為一件好事，正因為這樣，所以我們能不費吹灰之力，就在人生的下半場創造第二次記憶突點。只要跟配偶離婚，辭掉工作，或者搬去紐西蘭牧羊就行了。新奇事物多的是，你一定能夠寫下一堆回憶。但「值得記憶」和「新奇」可不能混為一談。

未來比不上過去那麼值得回味，有些人對此深感焦慮，而我們的忠告是奉行一句老話：「變化是生命的調味料。」請注意，這句話並不是說：「變化是生命的主菜。」沒人只吃胡椒和奧勒岡葉，少許的新奇就有非常大的幫助。學會辨認屬於你的那些劇本，時而撥弄、翻找，時而把它們打亂，但別老是這麼做，只要足以讓咖啡色皮鞋維持新鮮感即可。

我們可以透過改變腳本，創造更豐富的記憶。正如《驚奇的力量》（*Surprise*）一書的作者所說，「我們在面對確定的事物時最感自在；但當事態不確定時，卻最有活力。」

提升的時刻

一、提升的時刻讓我們擺脫了日常束縛，因而倍感投入、開心、驚奇，並且躍躍欲試。

【實例】生日派對、婚禮、足球賽、公開演說，或一時興起開車去旅行。

二、某些活動本身就有高峰，例如比賽、小型演奏會或慶典。但人生有時乏味到讓人想哭。

【實例】某位高中校長說：「我們經營學校的方式好似一場不間斷的練習，從來不比賽。」

三、我們有三點訣竅，有助於創造更多提升的片刻：(1)增加感官吸引力、(2)提高賭注、(3)不按照劇本走。提升的時刻通常包含兩種以上的特質。

【實例】人性審判同時具備三種特質：(1)感官吸引力：那個年代的服裝、真正的法庭；(2)提高賭注：某一方贏了，會獲得光榮；(3)不按照劇本走：人性審判在各方面都打破了學校的正常節奏。

四、第三點訣竅「不按照劇本走」尤其值得注意。改變劇本意謂著違背人們對某種經驗的預期或期望，是採用策略製造驚奇。

【實例】麗思酒店的員工不按照腳本走，特意為小男孩遺失的「喬西」玩偶做了本有趣的相冊。

五、不按腳本演出的時刻對組織變革來說極為重要，因為能替「陳規」和「新法」劃下明顯的分界線。

【實例】威富集團只開了幾分鐘的領導大會，就要與會者「到外面」去上衝浪課，或者表演即興喜劇。

六、當我們拋下劇本，才能迎來了生命中最難忘的時光。

【實例】回想一下「記憶突點」，意味著充滿新奇的時期，包括第一個吻、第一份工作等等。

【實例】新奇似乎能讓時間變慢。這就是為什麼我們年紀越長，越覺得時光飛逝。

七、提醒你一點，就算握有三點訣竅，仍難以建立提升的時刻，因為它們並非任何人的「職責」，很容易一拖再拖或敷衍了事。

【實例】要當心「合乎常理」的力量會讓人意志消沉（乾脆在製冰機旁放一台冷凍庫，讓冰棒自取不就好了嗎？）

八、創造高峰再辛苦都值得。顛峰時刻給了我們最值得紀念的時光。

【實例】尤金·歐凱利臨終前在「完美的時刻」裡找到了滿足。

〔案例2〕如何讓一板一眼的會議重現活力？

溫馨提示

本則和接下來的三則案例都是用來示範，該如何利用本書的主要框架（提升、洞察、榮耀與連結）來打造決定性時刻。這些案例並不限於你讀完的這幾章。我們打算用它們涵蓋各章，提醒你反覆思考這一整個框架。

狀況

馬修．弗雷牧師在美國德州鷹口鎮的救贖派聖公會擔任牧師，鎮上距墨西哥邊境僅約一哩之遙。他每個月要跟教區代表，即教會的長老們會面一次。非營利組織或宗教團體經常有這種會議，如同弗雷所說：「我們檢視過去的事，然後討論最近的活動，再來是司庫報告，最後談談還缺多少錢。我們落入了固定的模式。」

渴望的結果

弗雷希望為會議帶來一股新氣息。他要怎麼做才能讓會議變得活潑有趣，有源源不絕的新點子，別讓人覺得會議僅是為了履行行政義務？他期望教會長老能想出幾個方式，好讓第一次來教會的人覺得更愉快。

我們如何創造出關鍵時刻？

何謂關鍵時刻？(1)就這個案例而言，其實很簡單。弗雷應該要在某次預定召開的教區代表會議上，做一件特別的事。(2)當然，弗雷應更加注意教區代表的生活中有無重大轉折，譬如新長老加入，或有人卸下職位。(3)為了診察本案，我們將專注於這個會議。請注意，我們會介紹以下原則，並在後面各章進行詳盡的討論。某些專有名詞或許有些陌生，但你會掌握大意。

一、加入「提升」：

● **不按腳本走**：弗雷正打算這麼做。當這群教區代表出現在會議上，他拿著筆和便條紙簿，把他們分成兩、三組。並提供一項挑戰，想像這是你第一次來到這間教會，請在周圍走上十五、二十分鐘左右，你注意到什麼？這群長老回來後，各自說出觀察到的事物：

(1)我們有雙語服務，但所有的告示牌都只寫英文！

(2)戒酒無名會在我們這棟大樓裡聚會，但我們先前不曉得有那麼多人參加。我們這棟大樓是不是還有其他方式可以對大眾開放？我們要怎麼確定其他人知道，我們很歡迎他們來參加敬拜儀式？

(3)我居然忘了這間教堂這麼美麗！

- **提高賭注：**其實弗雷可以更進一步。如果他給這群長老一項任務，請他們依照各自的觀察，對會眾提出改善訪客經驗的建言，又當如何？這可能會增加一些壓力，因為他們得負起責任。
- **增加感官吸引力：**弗雷要長老們在教會周圍走走，已經為那一刻添加了遊戲意味。如果他還分派「角色」給他們，讓他們在觀察的過程中做角色扮演，又將如何？譬如說，「你是二十八歲、有兩個小孩的西班牙裔單親媽媽，才剛搬來這兒。你很煩惱要選哪一間學校，而有個朋友告訴你，我們有開設非寄宿學校。你想知道它是否適合小孩就讀。」這麼做或許能夠幫助你用不一樣的視角看待這間教會。

二、加入「洞察」：

- **瞬間發現真相：**弗雷設計的活動讓這群長老主動提出獨特觀點。其後產生的想法（告示牌上增加西班牙文、邀請其他社區團體來使用教會的空間和設施）因而變成了他們的想法。假如這些想法來自會眾的「意見箱」，他們可能不太容易接受，或表現得興致缺缺。
- **離開舒適圈，獲得洞察力：**弗雷不妨利用日後的某次教區代表會議，要長老們接下充當訪客的任務，也許是去另一個教會，或出席社區會議。體驗在團體中初來乍到是什麼感覺？哪幾個團體很快就帶領你融入，而我們又能夠從中能學到什麼？

三、加入「榮耀」：

- **建立更多的里程碑：**長老們不妨慶祝某些成就達成的時刻。比方慶祝某位新成員第一次參加教會的儀式，全因他先前來這棟大樓參加社區會議，才得以發現這間教會。
- **表彰其他人的作為：**教友若努力對訪客表達友善，長老可加以表揚、讚美。

四、加入「連結」：

- **角色扮演：**前面已經提過，要在教區長老和教友之間，創造出有同理心的連結，畢竟兩者的人生境遇可能大不相同。
- **創造共享的意義：**弗雷可以在教區代表之間建立連結。比如，他可以召開會議，請這群教區代表回想教會在招待訪客時，何時做得最好，而何時最差？像這樣分享內心的想法，能夠讓大家和工作本身的意義重新產生連結。

最後總結

弗雷說在「教會附近散步」的練習相當有效，「大家至今仍然在談論當天見到的事。」如果你們組織有常設會議，你就有了營造關鍵時刻的好機會，幫助與會者革除積習，重獲元氣。也許不見得要讓每一場會議變成「關鍵時刻」，但至少應每隔五到十次，想個法子改變一下劇本。

引言　何謂「洞察」的時刻？

假如某人生命中的關鍵時刻並非是提升的時刻，反而是很可怕的時刻，該怎麼辦？

某位男性被問及職業生涯中是否有過關鍵時刻？他回答：「在第一份工作中，我是考績墊底的人，所有同儕都加薪，薪水都一樣，只有我沒有。這表示我和同期新進人員相比，賺得比較少。這是我頭一回真的把事情搞砸，而它提醒了我一件事，就是我以前在學校掌握的那些技能，在職場上毫無用處。」

唔，聽起來完全不像提升時刻！他一點也不開心、投入，或覺得自己出類拔萃。他被負面意見暗捅了一刀。但只要不把這件事當作情緒的低潮，就能邁向更好的未來，告訴自己：「我必須做一些改變，好確保日後絕對不再重蹈覆轍。」

產生洞察力的時刻會使我們有所領悟，進而改頭換面。有些觀點雖微小，卻有意義。你在最喜愛的咖啡豆專賣店裡，試喝來自南美洲和非洲的咖啡，注意到兩者風味相當不同，這個發現將為消費經驗值增加一個觀點。你在婚禮彩排晚宴上說起新郎的故事，讓大家發現對方不為人知的有趣一面，此事也會為社交經驗值添加一個觀點。

我們在未來幾章會探討幾個令人震撼的重大時刻洞察，有時候是傷心難受的情緒，例如「我真的不擅長做這個」。或是，「我對此事完全失去了信心」。也有些洞察時刻洋溢著正面的訊息，像是，「這就是我要共度餘生的那個人！」或者，你靈機一動，有了新發現。

許多洞察時刻講究機緣，猶如一道閃電劃過突然出現，你說不出究竟是什麼原因造成的，就如同你無法為「頓悟」排定時間表。

但這些洞察時刻並非完全無跡可尋。我們將探究兩種創造出洞察時刻的策略，能促使其他人「瞬間發現真相」（第五章），而當我們有必要多了解自己時，也可以「離開舒適圈，獲得洞察力」（第六章）。

接下來幾章會講述情緒激烈的故事，包括厭惡、覺悟、心碎，以及欣喜若狂。容我們先講一個故事，你絕對不會忘記它帶來的驚人啟發。

第五章　真相就在眼前，我們卻視而不見

沒人想要討論真相，我們總是假裝沒這回事。直到這件事被搬上檯面，攤在陽光下……再也無法迴避時，這時真相便赤裸裸地出現了。

禁止隨地大小便怎麼這麼難？

二〇〇七年，甫創刊的《英國醫學期刊》（*British Medical Journal*）請讀者投票票選，自一八四〇年以來最重要的醫學里程碑，第三名是麻醉，第二名是抗生素，但第一名大概出乎你的意料之外，是「衛生革命」，包括汙水處理和確保水質乾淨。

時至今日，世界上許多地區仍然在等著這場革命的到來。二〇一六年，全球各地仍有大約十億的人口無從取得乾淨水源，同時也有十億人（可能有一大部分重疊）因為沒馬桶，得在戶外排便，而且那地點多半還是眾人共用。隨地便溺會招致可怕的後果，如同一八四〇年發生的慘劇，它會四處傳播疾病，例如霍亂、鉤蟲、蛔蟲、血吸蟲病，使人們受苦甚至死亡。

要怎麼終止隨地便溺的積習？答案似乎很明顯：蓋公共廁所。這也是許多發展組織近年來

採取的策略。一九九九年，水支援組織（WaterAid）資助孟加拉北部的幾個村子建造公廁，便是典型的例子。為了確保這項計畫獲得成功，他們請來卡莫・卡爾博士（Kamal Kar），以專家身分評估這項工程，當他前往孟加拉當地考察，我們的故事就從這裡說起。

先提醒讀者，下面要說的故事充滿了令人作嘔的意象，也常用「屎」這個字眼來稱呼糞便，我們這麼做是有理由的，由於它正是這則故事的核心，如果你不想看到這個字，我們建議你直接跳到下一章。

卡爾博士到了孟加拉，一切均按步就班地進行，公廁蓋得不錯，許多人都在用。但他卻發現了另一件事，「我繞到村莊後頭，走進了田埂。不論來到哪一座村子，我都會踩到屎。」卡爾說。隨地便溺依舊普遍，而且他知道，一旦雨季來臨，屎就會淹得村子裡到處都是。[7]換句話說，只有一部分人或甚至半數的村民用公廁還不夠，要解決村莊的衛生問題，必須讓使用公廁變成常態。

對他來說，那一刻可謂開了眼界，世界各地的發展組織長期以來認定隨地排泄是硬體的問題，只要人們在各地蓋起足夠的公廁，問題就解決了。但事情沒這麼簡單，有些村民覺得公廁雖是解決隨地便溺的方案，但沒有人要求他們非得使用公廁不可。因此，有時候公廁還會被分成幾部分，拿來做其他用途。這項計畫也在非洲馬拉威執行，當地卻沒人要用豪華的公廁。一位名叫烏瑪盧・奇盧基的建築工人說：「要是你問他們，怎麼不用公廁啊？他們會回答你：『你覺得我應該在那間房子裡拉屎嗎？它比我家還棒耶！』」

卡爾體悟到隨地便溺並非硬體的問題，問題出在行為。除非當地的人們想要做出改變，否則再多的硬體根本毫無意義。

他從這項見解出發，發展出一套名為「社區主導全面衛生」（Community-Led Total Sanitation, CLTS）的方法，迄今世界上已有六十多個國家採用，別被看似乏味的縮寫詞蒙蔽了，過程其實相當觸目驚心，以下扼要地敘述典型的干預手法：

一名CLTS的協調員抵達村子，向大家自我介紹：「我正在研究這一帶村子的衛生概況，介不介意我到處看看，請教一些問題？」一旦他閒晃得夠久，吸引到一小群人跟隨，他便帶著這群人從村子這一頭走到另一頭，「橫渡」整個村莊。

「大家在哪裡拉屎？」他問道，村民領著他走到解便的公共區域，他們覺得侷促不安，只想離開，但他磨蹭著不肯走，指著問：「那是誰的屎？」他問眾人：「有人今天在這裡痾屎嗎？」幾個人舉手。

這裡簡直臭不可聞，大家掀起衣服掩住鼻子。這名協調員繼續問一些噁心的問題：「為什麼這塊屎是黃的，那塊是咖啡色？」

協調員要大家注意在糞堆上飛來飛去的蒼蠅，問：「這裡常有蒼蠅嗎？」大夥兒都點頭。他看到一隻雞在啄屎，便問：「你們吃這種雞嗎？」更多人不情願地點頭。他刻意問一些不帶立場的問題，這位協調員所受的訓練是問問題，並非提出建言或意見。

一群人從村子這一側走到另一側，直到一處寬闊的公共場所停了下來。人群越聚越多，好奇發生了什麼事？協調員要他們在地上大略畫出村子的地圖，村民很快就畫好村子的四周，還加上重要地標，例如一間學校、一所教堂、一條小溪。接著，協調員要他們用石塊或樹葉標示他們各自的家。

這張地圖一經填滿，他就指著自己帶來、裝著黃色粉筆的袋子，要他們撒幾支粉筆在人們大便的地方。他說：「哪裡的屎比較多，就用更多支粉筆。」眾人緊張地笑了。孩子們把粉筆撒在眾人常去大便的地方，玩得不亦樂乎。

現在協調員問道：「如果事態緊急，比方說遇到暴風雨，或突然腹瀉，你們會去哪裡拉屎？」更多笑聲響起，這時一堆粉筆同時被擱置在各自家的附近——遇到緊急狀況，人們沒辦法及時走到公共區域。

這時候，很難不注意到，整個村莊全被黃色粉筆覆蓋了。

人群中引起了一陣騷動，有焦急、厭惡、憤怒，也有難為情。他們不太明白這一切代表了什麼？

協調員叫人給他一杯水。

有人端來了水，他問一名婦女敢不敢喝下這杯水？她說可以。他問其他人，眾人都說可以。

他從頭上拔下一根頭髮，問：「我手上是什麼？」一根頭髮。「你們能夠清楚看到這根毛髮嗎？」不，應該不行。他走到一旁的某一坨屎前面，把頭髮浸入其中，接著他把那根髒頭髮投入水杯，搖晃了幾下。

他將杯子遞給一個村民，要他喝一口，這人拒絕了。杯子繼續傳遞下去，但沒人肯喝。「你們為什麼不喝？」因為裡面有屎呀！

協調員露出不解的神色。他問：「一隻蒼蠅有幾隻腿？」六隻。「對，而且牠們都呈鋸齒狀。你們覺得跟我的頭髮相比，蒼蠅沾到的屎更多還是更少？」更多。「你們看過蒼蠅碰到你們的食物嗎？」看過。「那你們有丟掉食物嗎？」沒有。「那你們吃的是什麼？」

氣氛異常緊繃，這便是卡爾所說的「一觸即發的時刻」。真相終究難以逃避，他們一直在吃其他人的屎，而且經年累月。

通常到了這時候，討論氣氛急遽上升，協調員也控制不住。大家顯得激動，開始向其他人喊話：「我們不能再這樣下去！太愚蠢了！我們該如何停止這一切？」

他們多半會問協調員應該怎麼做，但他不肯答覆，而是說：「你們比我更了解自己的村子，你們可自由選擇想要的一切，包括繼續在公共區域大便。」但村民心意已決，覺得沒辦法容忍現狀，連一天也不行。

CLTS的創始者卡爾深知這段過程，會在情緒上造成極大的負擔，「厭惡是頭一個原因，」他說，「再來則是羞恥，『我們到底在做什麼？我們算是人嗎？竟然吃彼此的屎！』」

CLTS的做法蠻橫，但成效卓著。由於他們的干預，世界各地已經有數千個社區宣布

「不再隨地排泄」，而在孟加拉，CLTS變成了國內衛生工作的基礎，隨地排泄的比例從百分之三十四下降到百分之一。

奇怪的是，CLTS所說的並不是「新聞」。以上面例子來說，村民每天都在外面便溺，也看到鄰居這麼做。他們聞著屎味，逕自踩過去，也看見蒼蠅和雞。為什麼得靠CLTS才能明瞭這些就在他們眼前發生的事？

卡爾說，村民常告訴他：「這是沒人想要討論的真相，我們總是假裝沒這回事，但是當這件事被搬上檯面，攤在陽光下……再也無法迴避時，真相便赤裸裸地出現了。」

直到那一瞬間，他們這才被迫真正「看見」了它。

產生頓悟的「啊哈時刻」

突如其來的真相帶來情緒上的衝擊，是當你忽然領悟到某件事，猝不及防，而你深知那才是正確的，你便是在那一瞬間被衝擊到了。那是決定性的一刻，剎那間改變了你看世界的方式。

心理學家羅伊．鮑邁斯特研究過下列幾種頓悟：加入某個教派後來卻退出的人；成功戒酒的酗酒者；曾欣然接受共產主義，卻又反悔的知識分子。鮑邁斯特說上述情況泰半具有「不滿的結晶化」現象，共同特徵就在於那戲劇化的一刻，諸多的疑慮和埋怨被串連了起來，構成了一種「原來是這樣啊」的頓悟。想像一下，某個丈夫脾氣一向火爆，而在某一瞬間，妻子突然明白他每回大發雷霆，原來並非是「那一天過得不順心」，而是源自於典型的人格特質，而且她再也無法繼續忍受這種特質，這便是不滿的結晶化。

退出某教派的成員回想起來，的確有那麼一刻，泡沫破碎了，他們不再對教派首腦抱持崇高的看法。鮑邁斯特說，這些人的故事充分顯示，「他們其實早就猜到真相，只是一直壓抑內心質疑的聲音，直到某件事跳了出來，促使他們看見這個顯而易見的道理。」

鮑邁斯特提出的結晶化時刻是純屬偶然，不可能預測何時（或是否）會發生。要注意的是，CLTS啟發的醒悟與結晶化時刻，兩者本質上有一些差異，因為協調員問了那些問題，村民才被迫「正視」一直以來就在眼前的事物，並非「啊哈我明白了！」的醒悟，而是一場精心引導下的結果。

我們要如何在組織的日常運作中，巧妙地策劃出有力的觀點？史考特．戈斯理在二〇一一年解決微軟某個狀況的手法，值得思考。當時的執行長史蒂夫．鮑爾默（Steve Ballmer）命他帶領公司的雲端運算服務快速成長，專案名為Azure。戈斯理拜訪Azure的用戶，想了解使用經驗，而他們的回應很明確，Azure的基礎技術不錯，但是很難用。戈斯理知道，除非Azure更努力貼近用戶，否則絕不可能達到預期的成長。但他要如何才能讓同事明白，他們完全走偏了路？

他召集麾下的資深經理和軟體架構師，到公司以外的地點開會，給了他們一項挑戰，用Azure設計一款手機應用程式，就像用戶會做的那樣。照理這並不算是困難的挑戰，但這個團隊卻費了一番功夫。有些高階主管不會用特定的幾種功能，有些人甚至不會註冊登入。戈斯理對《財星》雜誌的安德魯．努斯卡說：「徹頭徹尾是一場災難。」這群主管受到了教訓，決心要解決他們面臨的問題，第二天都還沒結束，他們便已想出重新打造Azure的計畫。

微軟和卡爾博士的故事都頗具影響力，也有好幾個共通點。首先，帶頭的人知道自己想分享的真相是什麼。戈斯理的真相是「用戶沒辦法使用我們的產品」，而卡爾的真相是「這群村民正在讓自己生病」。其次，領悟來得很快，只消數分鐘或幾小時，不需要花上幾星期或數月之久。絆了一跤、找到地上的真理，只消一會兒就已足夠。

最後，由觀眾自行察覺到真相，這一點反而驅動他們亟思採取行動。戈斯理並未分享他與用戶見面後的體悟，而是創造出情境，讓員工也感受到他發現的事。於是，這變成了員工自身的觀點，他們才會積極採取行動。同樣地，CLTS協調員清楚看到問題所在，卻未直接說出內心的憂慮，而是讓村民自行發覺，一定要讓觀眾有「啊哈我明白了」的頓悟。

這個妙招由三部分組成，分別是：一、清晰的觀點，二、極為短暫的時間，三、由觀眾自行發現。它正是我們用來幫助其他人面對難堪真相的計畫。讓CLTS協調員直接向村民說教，提出合乎衛生的做法和數據，其實很容易。但是，要讓村民思考透澈，形成一己之見，很難卻更有效果。

與其當個推銷員，不如成為引導者

當一個人的腳踩到了某樣東西，便會因踉蹌而絆倒（to trip）。瞬間發覺真相（to trip over the truth）則是指一個人的大腦抓住了某物，內心掙扎不已。到底你的大腦抓住了什麼「東西」？

假設你有一個不錯的點子，想獲得其他人的支持，你會怎麼做？你試著向眾人推銷這個想法：我想過了各種不同的點子，就屬這個最好，因為它有大量的證據佐證，而且其他有類似想法的人都賺到大錢。喔！我有說過它執行起來超簡單的嗎？

換句話說，你的重點放在這項解決方案的優點。但你會發現，本章講述的兩則故事裡，沒人談到解決方案。卡爾博士並未竭力鼓吹公廁的優點，戈斯理亦未針對Azure提出新的功能建議。

他們做的反而是強調問題的嚴重性：會吃到糞便、套裝軟體超級難用。一旦這些問題清楚地在觀眾心中浮現，他們立刻自發性的思索「解決方案」。

你必須先理解問題的本質，才能夠想出辦法。所以，當我們說「瞬間發現真相」，指的是呈現關於某個問題或傷害的真相，它會讓人在剎那間產生了想法。

若想奉行這項原則，我們必須採取新的說服方式。以麥可・帕摩（Michael Palmer）為例，他是維吉尼亞大學化學系副教授，也是該校教育資源中心的副主任。二〇〇九年，他展開了為期一週的計畫，命名為「課程設計訓練班」（Course Design Institute, CDI）。他創立

ＣＤＩ，是為了幫助教授們設計課程內容。星期一早上，每位教授拿來自己草擬的課程大綱，到了週五下午，他們就會大刀闊斧地修改大綱，並研擬出更棒的教學策略。

「高等教育有個不可告人的祕密，那就是系上的老師沒受過教學訓練，不會教書。」帕摩說。這群教授上了一週的ＣＤＩ課程，就能掌握教書的技巧，像是如何激勵學生？如何和不同類型的學生溝通？如何確保每個學生都獲得最重要的觀念？

帕摩主要運用「向後整合設計」的方法，來規劃這門課。首先，要掌握目標；其次，釐清該怎麼評估學生是否已達成目標；第三，設計活動，好幫助學生順利通過評估。

的確，聽起來很簡單，但大學教授的生活型態恰與規劃背道而馳。教授碰到的狀況通常像這樣：你被分配到一門課，而且多半是學期快開始才接獲通知。假設這門課叫做「初級化學導論」，你稍微翻了翻課本，心頭一驚，要怎麼在一個學期內教完這些東西？太多了嘛！

要同時納入考慮的變數實在太多，所以你只能倉促做出決定，據以行動。先選一本教科書，好讓你至少可以先根據書上的目錄，為這門課草擬路線圖，這麼一想就稍覺安慰。緊接著開始計畫各章節的進度，分成十四週，直到學期結束。接下來，你可以細分每星期上課要講的主題。最後，你再根據課堂上的內容，決定怎麼給學生出考卷。

聽起來是完全合乎邏輯的規劃，但這個規劃和「向後整合設計」風馬牛不相及。完全是逆向操作，毫無目標可言！你只不過搬出一大堆內容，把它們分成幾小塊，塞進每一堂課而已。

現在，試著從帕摩的視角設想。他知道教授們設計課程的方式錯了，而他有解決的方案，也就是「向後整合設計」。假如他一味鼓吹這種方案的好處，看起來會像是「向後整合設計」的推銷員，但觀眾對於推銷話術的反應會是如何？將信將疑。

不如我們先以言語相激、挑釁，並且提出質疑。帕摩企圖說服這群教授，就必須先讓他們自行發現真相。這麼一來，就會專注於問題本身，而非解決之道。

在CDI課程首日的下午，帕摩介紹了一項名為「夢想練習」的活動，是受到L・迪・芬克《創造重要的學習經驗》（*Creating Significant Learning Experiences*）書中某個點子所啟發。

他向面前這二十五至三十位教授們提問：「想像你有一群最符合理想的學生，積極主動、循規蹈矩，而且有絕佳的記憶力……請填寫下列句子：三至五年以後，我的學生還知道________，或者仍然會做________，或者仍覺得________有價值。」

教授們先進行了十分鐘的腦力激盪，然後說出答案。在二〇一五年七月的CDI課堂上，一位教動物行為的教授說：「我希望他們了解科學過程。要是他們看見某種動物做有趣的事，能夠想出一種符合科學過程的方法來進行研究。」

一位保健學教授說：「我希望他們能和同僚通力合作，保持密切的關係。他們在審查新研究時充滿自信，而且成為『期刊讀書會』的一員。」

一位數學教授說：「我希望他們認為數學本身相當有趣，而非只知道數學實用的一面，當他們在網路上看到跟數學有關的故事，可以按一下連結，讀那則故事。」

帕摩在教室前方的白板快速記下每一個回答，大家馬上看出了其間的共通點，幾乎沒有一個答案跟教學內容有關。以數學老師為例，他沒說希望學生記住「連鎖律」，只希望學生繼續保持對數學的興趣。

現在，帕摩就要幫助他們釐清真相。「你們剛才寫下了盼望學生達成的首要目標，現在請拿出自己課程大綱。」他再度提問道：「你手上的課程大綱，有多少比例能幫助學生朝你所說的夢想前進？」

現場氣氛尷尬，一片靜悄悄，教生物醫學工程的喬治．克萊思特教授，回想起當時就忍不住發笑：「你看著手上的課程大綱，卻發現答案是『零』。」大多數教授都發現同一件事。這，就是察覺愚昧的一刻。

身為環境科學教授的黛博拉．勞倫斯說：「我很快明白課程大綱對我來說毫無用處，它無法達成任何一項目標。」

帕摩的「夢想練習」是精心設計的頓悟時刻，敦促教授們發現真相，發現屬於他們自身的真相。

在CDI課堂上，「之前和之後」的課程大綱，往往有驚人的差距。（若想檢視一份完整的課程大綱，看看上完CDI之後有何不同，可連結 http://www.heathbrothers.com/CDIsyllabi）其中一份物理學課程大綱，原本只是針對各主題與子題稍加概述，此刻卻變得鼓舞人心。以下節錄開頭幾段：

橋梁和建築物為什麼能矗立？又為何會倒塌？位處地震帶或颶風盛行地區的建築應該怎麼建造？導致房屋倒塌的「力」有哪些？力是什麼？

物理學能描述我們周遭雙眼所見的所有事物，只要我們懂得如何去看！一架正在飛行的飛機，可用來研究壓力和拖曳；碰撞在衝力之下產生了什麼問題；彩虹的美景來自於折射與分散現象；地震說明了何謂剪力和彈性；橋梁的建造得考量熱脹冷縮；音樂廳則是反射與干擾交互作用的結果。

這門課將帶給你工具，幫助你解開生活周遭諸多令人興奮的問題。訓練你自己成為物理學家，這個世界在你眼中便是力學原理的一連串相互作用。你將學到、並且了解物理學的基本原理。

從二〇〇八年至二〇一五年，共有兩百九十五名教師上過課程設計訓練班。他們給這次經驗打了四・七六的高分，滿分是五分。毫無例外，他們都表示會推薦這門課給同事。

二〇一一年某位老師說：「一言以蔽之，這是改變人生的一堂課。這麼說或許聽來誇張，卻是千真萬確。在來上課之前，我自認有辦法掌握自己開的課，但不一會兒就知道自己需要從頭再來一遍，結果比原本好太多了。」

請記住，這群教授的情緒反應不算過分激烈，CDI給了他們足夠的動機和明確的方向，就能一舉幫助他們並讓課綱改頭換面，有了飛躍性的進步。

我們有時難免在人生道路上迷途，直到一腳踢到了真相，才會猛然醒悟。

第六章　自我覺察三步驟：頓悟、接納、成長

冒險嘗試沒做過的事，從經驗當中汲取答案，別光盯著肚臍眼瞧。大多時候，行動會帶來觀點，觀點卻不見得引發行動。

延展自我，喚醒洞察力

麗．查德薇爾從事烘焙才一年，便開始幻想自己開一家店。

她白天在一家動物醫院工作，先前她曾帶自己養的幾隻狗來這裡接受治療，以顧客身分來訪數回後，她明白了一件事：「我想在這裡工作。」因此，她主動開口央求一份工作，四個月後，有了個獸醫技術員的缺。

然而九年後，她覺得繼續加薪或升遷的機會不大，也擔心這是適合年輕人的工作，她想，「難不成我到了六十五歲，還得跟黃金獵犬搏鬥嗎？」

她每個週末都會待在廚房烤瑞典餅乾，或者做加了異國香料的糕餅和風味濃郁的布里歐麵包。朋友和家人開始勸她：「妳應該要有一間自己的麵包店！」（如果你希望以後可以拿到免

費的試吃，就這樣慫恿你的朋友。）

二〇〇六年，她的丈夫山姆收聽廣播節目時，得知某間公司能讓人在投入理想工作前，先行「體驗」一番，猶如購車可以先試駕一樣，只要繳一筆費用，「職業假期公司」（Vocation Vacations）會替你安排幾天見習，看看業內人士怎麼做。提供參觀機會的工作，包括牧牛、經營民宿、成立釀酒廠，喔！還有開一家麵包店。[8]

查德薇爾立刻把握住這次機會，飛到奧勒岡州的波特蘭，和麵包店與巧克力店的老闆並肩工作，就好像花錢租借導師一樣。她高興極了，回家後便立志開間麵包店。

她晚間去上課，精益求精，最後拿到了當地烹飪計畫的證書。二〇一〇年，萬事具備，烘焙坊正式開幕，取名為「一磅奶油」。她利用晚上和週末的時間，專門做客人訂製的生日和婚禮蛋糕，也為當地的餐廳提供糕點，而平日仍在動物醫院上班。最後，她打算開一間完全做零售的店面。「我老是幻想這間烘焙坊會是什麼樣子。」她說，「我想它是我下半輩子的志業。」

蛋糕雕刻是她的強項，畢竟她大學時曾主修雕刻。她運用巧思，為小朋友設計了湯瑪士小火車和迪士尼公主系列的生日蛋糕，每一款都精緻絕倫。

不過，這股熱情後來便逐漸消退。為家人做蛋糕是挺好玩的，但是面對顧客的諸多要求卻令人倍感壓力。她白天要醫治生病的動物，晚上還得應付緊張兮兮的新娘。她覺得自己墮入了無止盡的惡性循環中。「我需要接更多訂單，才能支應烘焙坊的開銷，但我卻沒足夠的時間烘焙，因此我無法只靠烘焙坊維生。」

某個週末，她為了一筆訂單加緊趕工，最後奶油霜結婚蛋糕終於大功告成，她把它放進車內。正打算開走時，突然發現沒人顧店的烘焙坊，前門是敞開的，而她竟然完全沒留意到。那一刻猶如晴天霹靂，她發現壓力大到快把自己逼瘋了。而且她突然明白，「我已經不再喜歡烘焙了，」她後來這麼說，「就好像脖子上掛滿了沉甸甸的奶油，令人難以負荷。」

她就要四十二歲了，只想要自己的事業，而非蠟燭兩頭燒。剎那間，她看見了真相：「如果我決定『好好做』，就得申請貸款，在街上開一間店鋪，可是一旦失敗了，我就再也回不去了，我後半輩子的經濟就垮了……於是在頃刻間，她開店的熱情就此消退。」

「一磅奶油」只做了一年半左右就收起來，她成為烘焙坊老闆的夢想就此結束。

這些年來，她沒再烤過一塊蛋糕。

這不是我們期待的結局。人們喜歡看到受歡迎的企業家終於成功，也希望美夢能成真。麗‧查德薇爾失敗了嗎？從某些方面來說，沒錯，但事情沒那麼簡單。查德薇爾並不後悔開設烘焙坊，也不後悔關店。她獲得了源自經驗的洞察力。她說自己有幾項不適合當老闆的特質，對開店的失敗也慢慢釋懷了。「我缺乏條理、不切實際，而且善變……這些特質雖然讓我成為大家的開心果，但憑這些特質來經營生意是挺可怕的。我在想，要是我沒喊卡，早就一敗塗地了，光是承認這一點就讓人覺得很嘔。但我獲得了慘痛的教訓。我為別人做事時還不錯，大家都很依賴我，但是替自己工作，我就是個差勁的老闆。」

心理學者稱此為「自我洞察」，意即充分了解自身的能力和動機。而它也與許多正面情感息息相關，包括良好的關係與人生的使命感，自我洞察和心理幸福感是並存的。

查德薇爾的自我洞察產生於「不滿的結晶化」那一刻，烘焙坊的門還敞開著，但她卻已經準備驅車離去。那一剎那，她所經歷的焦躁和挫折感，一點一滴匯聚成一個明確的結論：我無法勝任這個工作，這不是我。

這是查德薇爾歷經的一刻。

另外一個故事，則是某個大學時期就決定赴羅馬求學的女子所經歷的。「我是個小鎮姑娘，看到大眾運輸就害怕，也覺得在語言不通的環境裡工作是一項艱鉅的任務。」她說，「我記得剛抵達羅馬時，那個地方讓我慌了手腳……」

四星期後，她卻做到了能讓一名商店員工相信她是義大利人。（遺憾的是，她想不出義大利文的「髮圈」怎麼說，露出了馬腳。）此行接近尾聲時，她已經改頭換面。「我回來時變了個人，」她說，「我變得有自信，更勇於嘗試冒險……我不再害怕旅行，或住在異地。」她目前住在倫敦。

她人生中的關鍵時刻，就是說服店員相信她是本國人。這恰與查德薇爾的經驗相反，她領悟到「我做得到，我可以成為這個人」。

兩名女子都經歷了由「延展」激發的自我洞察時刻。延展就是把我們自己放在容易碰到失敗的情境裡。

有件事可能出乎一般人的預料，那就是自我洞察鮮少透過「思考」而找出答案。研究顯示，不斷反省或反芻自己的想法或感受，通常難以達到真正的理解。還不如探討我們自身的行為反而比較有效。

「我能成為很棒的烘焙坊老闆嗎？」「我能搞定義大利的生活嗎？」這些重要問題的答案，都無法只靠想像。最好冒一下險，嘗試沒做過的事，從經驗當中汲取答案，別光盯著自己的肚臍眼瞧。大多時候，行動會帶來觀點，觀點卻不見得引發行動。

知道自己是誰、想要什麼、擅長做什麼樣的事，是一生的功課。面對事實吧，許多人早在真正了解自己之前，就已經變成大人，成家立業了。為什麼我們做出這種反應？我們的盲點是什麼？為什麼我們受到某一類人吸引，總愛尋找那樣的朋友或愛人？

自我了解需要慢慢來。想加快速度只有幾種方法，其一是經歷更多結晶化的時刻，延展自我才會產生洞見。

小推力的大影響

一九八四年春，麥可・德寧在聖地牙哥海軍醫學中心的精神科病房最後一次輪值夜班。他早在一九八二年就完成醫學院課業，如今是住院醫師訓練的第二年。受完訓後，他便是合格的精神科醫師。

精神科病房的病人都生了嚴重的病，包括思覺失調症（舊稱精神分裂）、躁鬱症、憂鬱症，由於許多人先前曾試圖傷害自己或他人，因此他們大多數都被鎖在房內。那晚德寧巡房時，遇到一個可自由在醫院內獨自走動的病人，這個男人預定翌日出院。

他攔下德寧，說：「我有事想問你。」

德寧說：「我還有幾件事要做，我十五分鐘後回來好嗎？」病人點頭，於是德寧繼續巡房。十分鐘後，對講機傳來緊急救援的通知，表示有病人需要搶救。通常這類通知會要求醫護人員去院內的某個樓層和病房，但是這次卻指示大家去戶外庭院。德寧衝到外頭。趴在地面上的是剛才和他說過話的病人。這男人從三樓陽台跳下來，倒在混凝土步道上。德寧和其他醫院人員衝到他身旁，試圖急救，但發現他沒反應，於是匆匆送他去急診室。沒多久他就過世了。

德寧慢慢走回自己位於精神科病房的辦公室。他既感震驚，又充滿罪惡感。「我真是沒用，我早該知道他需要我。」他想道。

他打電話給負責住院醫師訓練的主任理察・瑞納，報告方才發生的事，還花了些時間安慰精神科病房的人員。他累壞了，打算回家，因為他覺得情緒不堪負荷，無法值完這個班。此時，瑞納已經來到醫院。他要求德寧再敘述一遍事情的始末。德寧說：「我一心以為他要我報告此事，是為了做懲戒處分。」病人自殺本就少見，而在顯然是避風港的醫院裡自殺更屬罕有，德寧甚至不確定自己是否還能繼續執業。

但瑞納聽完後卻說：「好了，我們回去工作吧。」

他領著德寧走回手術室，在那裡選了乾淨的工作服和白袍穿上，然後一起回到精神病房。

一向負責指導他的瑞納，整晚都陪著他。

瑞納後來回想此事時說：「我不希望麥可覺得自己做錯了事。我希望讓他知道他是個很好的醫生，讓我們忘記悲傷，繼續走下去。這種事有點像是戰鬥中的意外傷亡。雖然病人不幸死在檢傷台上，但你仍得繼續工作，因為還有其他病人在等。也許你可以救活下一個。」

德寧說道：「那晚接下來的事情我不太記得了，但我知道要是當下我決定回家，很可能就此放棄繼續當精神科醫生。」

三十多年後，麥可・德寧回顧那晚，認為那是他一生中的重大時刻。這是他第一次失去一個病人，但他也同時深深記得另外一件事，那晚讓他認清了自己「我能夠撐下去」。

對德寧的人生而言，這段插曲是負面的顛峰時刻（低谷）。芭芭拉・佛列里克森（Barbara Fredrickson）是率先提出「峰終定律」的研究團隊一員，曾主張我們之所以過度看重記憶中的顛峰，是因為這類時刻好比精神上的價格標籤，像是在告訴我們，一旦你重蹈覆轍，你就得付出多少代價。有些人，比如查德薇爾，發現代價太高，決定避免再次面對這種時刻。也有人跟德寧一樣，發現他們能夠挺過去，讓負面顛峰比正面顛峰來得重要。

請注意，查德薇爾和德寧的故事還有另一個不同之處。若非瑞納從旁督促，給予支持，德寧永遠不可能了解自己有能耐挺過去。「有人期待我振作起來、繼續前進。」德寧說，「他深信我具備撐過那一晚的能力，即使我自己並不了解。」瑞納在深夜裡的明智之舉，讓德寧內心受創的時刻轉化為成長的一刻。

許多時候是其他人鞭策我們延展。你雇用私人教練，因為你知道他會逼迫你離開舒適圈。而我們之所以看重良師益友，也是珍惜這種特質之故，他們能喚醒我們內心最好的一面。你絕不會聽到有人說：「對啊，我遇過最棒的教練是馬汀教練。他對我們完全不抱任何期望，我們愛做怎麼做就怎麼做，他是很好的人。」

良師益友會敦促你前進：你可以再往前一些些嗎？你可以承擔更多責任嗎？他們帶給你的是富有成效的壓力。

為了探討這個想法，我們要一些讀者接下某項挑戰：鼓勵某個能受你督促的人努力自我延展，學習新事物。身為路德教派的牧師，吉姆・亨寧格回報說他給了教牧實習生一項任務：「教會每年的重頭戲之一，是我們的復活節前夕的守夜禮，隔天就是復活節，我通常不會安排實習生在守夜禮上布道，一般是我自己來。但今年，我對實習生說，他要在守夜禮上布道。我告訴他這是很重要的宗教儀式，他得盡力做好，而我確信他一定辦得到。」

亨寧格牧師坦承，將這麼重要的儀式交給別人執行難免會猶豫不決。但這名實習生做到了。亨寧格說，他講道講得好極了。

以上述情況而言，有哪些「關鍵時刻」？一共出現兩次。第一次是這名實習生在復活前夕守夜禮上的講道。那是提升的時刻（增加賭注），也是榮耀與產生洞察力（我做得來）的一刻。那是亨寧格牧師創造的時刻，多虧他推了一把才有這一刻。但牧師也有嘗試勇敢地自我延展，他跨出了舒適圈，把重大的時刻託付給一名實習生，讓自己陷入失敗風險的危機。雖有失敗的可能，但由於他勇於承擔風險，因此他獲得了洞見。「其他同仁都知道我對聖週和復活節的布道工作有多挑剔。所以，當他們看到我讓別人接下那星期一部分的講道任務時，都倍感驚訝，所幸大夥兒都盡力地達成了任務。這次經驗也讓我省思，往後得更常這麼做才是。我決定把這件事當成目標，讓大家一起都有所收穫。」

「高標準＋保證」的評語能激發動力

良師敦促學生，學生就會努力自我鞭策。心理學家大衛・史考特・葉格（David Scott Yeager）和八名同事曾在一篇論文中，引用一道由兩部分組成的公式：「高標準＋保證」，這是個滿好的起手式。

葉格敘述一項在郊區中學進行的研究，要求四十四名七年級學生寫一篇心得報告，說說自己心目中的英雄，然後由幾位老師加以改正，並附上書面評語。研究團隊從老師手中取過這些心得報告，再隨意分成兩堆。第一堆的報告上貼著一張寫著泛泛字句的字條，老師親筆寫著：「我給了幾句評語，關於報告的回饋意見。」至於第二堆報告則每篇都附上一張字條，上面有研究人員所謂的「明智的評語」，寫著：「我給了幾句評語，因為我對你殷望甚深，並且相信你能夠達成這些期望。」（高標準＋保證）

報告發回以後，學生可以選擇是否重新修改後提交，以獲得到更好的分數。拿到普通紙條的學生，大約有四成的人選擇修改心得報告，但獲得明智批評的學生，高達八成的人重新修訂文章，並且在編輯過程中做出的改正，比其他學生多出一倍。

第二張便條之所以深具力量，在於它刷新學生看待「批評」的感覺。當他們拿到上頭寫滿了訂正和建議的報告，防衛心或不信任感很可能油然而生，例如覺得「這個老師一直不喜歡我，所以特別針對我。」但有明智評語的字條卻傳遞了不同的訊息，大意是：「只要你認真投入工作，我知道你能夠有亮眼的成就。」改得密密麻麻的報告並非出於個人情緒，而是為了促使你再多延展一些。

期待和支持能導引你走向自我洞察

在組織中，導師制可能以更強大的方式呈現。「高標準＋保證」是相當管用的公式，但說到底，它只是表達了期許。優秀的導師還會增加兩項元素：方向和支持。「我對你殷望甚深，並且相信你能夠達成這些期望，所以試著接受這項新挑戰，要是你失敗了，我會幫助你重新站起來。」這幾句話道盡了導師制，聽起來簡單，卻強大到足以逆轉生涯。

二〇一五年，道爾・菲爾普斯（Dale Phelps）是康明斯汽車維修中心的品管、服務與經營部門的經理，負責經銷康明斯的產品。聽不懂嗎？這麼說好了，比方說你簽了份合約，要為波士頓建造幾部市公車，你決定採用康明斯生產的柴油引擎。在這種情況下，西北康明斯會處理你的訂單，運送引擎，萬一故障了還會提供修理服務。菲爾普斯的工作便是想辦法讓這間公司的服務更好、更具效率。

菲爾普斯在崗位上，相當依賴六標準差準則。假如你製造產品，就說是皮球好了，你自然希望所有產品都零瑕疵。六標準差流程是將瑕疵的比率降低到每一百萬次僅出現三．四次。意思是如果你做了一百萬顆皮球，其中只有三至四顆是變形或歪斜的。為了達到這種卓越程度，你必須嚴苛地監控製程、搜集數據、查明問題、減少變異。六標準差的執行人員締造了改善流程的佳績，而這些人的魔法也可以用在其他與製造無關的情況，像是減少手術上的失誤，或以菲爾普斯的例子來說，就是讓引擎更快得以修復。最厲害的執行人員都想取得六標準差的黑帶認證證書，但這項榮譽與空手道無關。這張證書在業界是如此地稀罕和至高無上，對執行人員來說非常具有吸引力。

回頭來說這個故事。菲爾普斯需要一張六標準差黑帶證書，讓他在紐約州阿伯尼的工作更得心應手，所以他雇用了蘭潔妮．席尼文森來幫他。蘭潔妮在印度長大，為了完成機械工程的碩士學位，三年前才來到美國。

蘭潔妮的職責是運用六標準差幫助這群同事改善流程，譬如重新整頓服務據點，把較常使用的工具放在伸手可及的位置，但她做得不太順利。「她算是害羞吧，有點退縮，」菲爾普斯說。他擔心她不夠強勢，容易被公司裡的老鳥看扁。

但蘭潔妮的想法不同。她自認並不內向，朋友們都暱稱她「雷公」，因為她說話的聲音大到人人皆聞，她只是壓力太大。其實她很懂六標準差，但對柴油引擎維修卻幾乎一竅不通。開會時，她覺得同事們講的好像是另一個次元的語言，她把他們提到的術語統統記下來，會後再問人這些話是什麼意思。

她第一次參加六標準差會議時，坐在那兒不發一語，會後去找菲爾普斯，滿心煩惱。「我超不爽，」她說，「他們把我當成什麼也不懂的新人。」

大家對她的表現也頗有微詞。菲爾普斯知道她適合這個職位，但處境危險，所以他推了她一把。菲爾普斯給她的任務是「去現場看看」，花些時間熟悉這項業務。除非她能和業內人士溝通，否則很難贏得他們的敬重。

「我有點擔心，」蘭潔妮說，實地探訪意味著得離開她熟悉的數據和試算表，這個由專業知識構成的安全網。她擔心在同僚面前暴露出自己缺乏知識，再加上她才二十四歲，很年輕，是女性，又是印度人，這三項特性在公司裡相當少見。

她頭一回實地探訪的地點，是位於康乃狄克州岩石山的分公司，經理是少數爬到那個管理階層的女性，經理帶著她四處看看，並指點她這一行的眉角。蘭潔妮待了一星期，回到阿伯尼時覺得意氣風發。

「那次探訪讓情況改觀，」她說，「我開始明白這些操作術語的意思，夏琳（岩石山的經理）對我說，看見我年紀輕輕就能承擔這麼多責任，她深感驕傲。」

菲爾普斯又安排了幾次現場訪勘，蘭潔妮也益發能侃侃而談地與大家分享六標準差的觀點。道爾開始聽到其他同事說對她刮目相看。曾抱怨她表現太差的人，如今卻誇她是團隊裡的佼佼者。

「我發現過去太小看了自己，」她說，「我從不知道自己可以成為操作型的人，以為我就是數據型……道爾對我深具信心，但我卻缺乏自信。」

菲爾普斯覺得蘭潔妮的起步困難重重，導因在他。「很多事我都不讓她碰，過後想想才覺得這樣是不會成功的，而且對她很不公平。如果你老是穿著救生衣，你根本不曉得自己會不會游泳。有時候你得脫下救生衣，由其他人在一旁提供救援，對自己說：『看看怎麼樣囉。』」

這則故事生動說明了我們所探討的導師制有一套「公式」可循。

高標準＋保證

（「我明確地告訴她，我深信她能達成很高的目標，」菲爾普斯說。）

＋方向＋支持

（菲爾普斯建議她去現場看看，以彌補她經驗中顯而易見的「漏洞」，並且確保她的第一次探訪是由女性主管陪同。）

＝更多的自我洞察

（蘭潔妮說：「我發現過去太小看自己……我從不知道自己可以成為操作型的人。」）

平常心看待「失敗」

導師的鞭策使人得以延展，創造了自我洞察的時刻。關於理想的導師制，「鞭策」這部分可能不符合一般人的想像。導師必須讓受指導的人冒一些風險，這點不太合理，通常我們會本能地幫助關心的人避開危險，將他們保護得滴水不漏。

當然，這也是親子教養常見的緊張局面。你應該給小孩更多犯錯的自由，抑或保護他們？大多數父母輕手輕腳、如履薄冰地在保護不周和過度保護之間行走。

你要如何鼓勵小孩延展，卻又別讓線放得太長？想想莎拉．布蕾克利（Sara Blakely）的故事，她從小被教導要勇於延展。布蕾克利創辦了一家叫做Spanx的女性內衣公司，所推出的第一項產品是一款舒服的緊身褡，立刻大受歡迎。[9]這段故事早已是眾口傳誦的佳話：一九九八年，布蕾克利為了出席一場宴會正在著裝。她打算穿上新的合身白長褲，卻面臨兩難的局面，她想在褲子底下穿連身褲襪，這樣才有顯瘦的效果，卻又希望保持赤足，好穿上露趾涼鞋。她到底該穿上褲襪，還是不穿？

此時靈光一閃，她剪下褲襪的足部，套上了變短的褲襪赴宴。她的創新之舉也有瑕疵：剪短的褲襪尾端一直沿著小腿往上捲，但她心想：「這是我的機會。只要能改良這個產品，女性一定會喜歡！」

兩年後，二〇〇〇年，她代表Spanx與尼曼精品百貨簽約，那是他們的第一個客戶，而知名主持人歐普拉最愛的產品名單上，Spanx也赫然在列。十二年後，《富比士雜誌》報導布蕾克利是有史以來最年輕的白手起家女富豪。

布蕾克利在《勝利，並非事事順利：三十位典範人物不藏私的人生真心話》（*Getting There: A Book of Mentors*）一書中寫道：「我記不得有多少女人走到我面前，對我說『我多年來都把褲襪的足部剪掉，為什麼我沒變成創立Spanx的女孩？』這一類的話。原因在於好點子只是個起步。」

其他女性也想到了同樣的點子，而布蕾克利的不同之處在於堅持。Spanx剛創立時，常有人說她的點子愚蠢或可笑。有次她跟一家法律事務所開會，注意到其中一位律師不停地環顧會議室，目光狐疑，稍後對她坦誠：「莎拉，我最初見到妳時，心想這個點子實在太爛了，我還以為妳是《隱藏攝影機》（*Candid Camera*）節目單位派來的。」

男人大概難以理解她的點子有多聰明，而遺憾的是，對她的產品製造有影響力的企業高層人士，大多是男性。（她曾試過在喬治亞州找位女性專利律師，卻遍尋不著。）紡織廠老闆清一色是男人，一再否決她的點子，直到某位工廠老闆跟幾個女兒提起這點子以後，幾個女兒一定要爸爸叫她回來，她才得以製造產品。

是什麼特質助她挺過了失敗的嚴苛考驗？布蕾克利的前一份工作是傳真機銷售員，她剛去上班時，連潛在客戶的名單都沒有，她的主管只給了她一張四個郵遞區號的區域圖和一本電話簿，就當作潛在客戶名單。

「我一早起床，就開著車四處拜訪不相識的客戶，從上午八點到下午五點。」她這麼寫，

「大多時候門在我面前摔上。我每星期至少看到一次名片被撕爛，甚至有幾次還被警衛請出大樓。沒多久，我便對『不要』這個字免疫了，甚至覺得我的處境還滿有意思。」

這是強大的洞察時刻。她就此明白「我不再害怕失敗。對我而言，它再也不是障礙。」

布蕾克利穿上白褲去參加宴會，突然出現Spanx的靈感時，她已經賣了七年的傳真機。她建立Spanx品牌的不屈不撓來自於克服七年份失敗的毅力。（先說清楚，以傳真機業務員來說，她算是相當成功的了。）

布蕾克利非比尋常的恆心從何而來？無疑是銷售的經歷所催化。但她的成長背景也值得一提。在她和弟弟的成長過程中，父親每星期吃晚餐時，都會問姊弟兩人：「你們倆這禮拜有沒有搞砸什麼事啊？」

「要是我們沒什麼可說，他就顯得失望。」布蕾克莉說，「這件事似乎不太符合常理，卻又極為有效，因為他知道許多人會因為害怕失敗而裹足不前。他們老是擔心要是沒把事情做好，別人會怎麼想，因此不敢冒一丁點風險。我父親希望我們勇於嘗試，別怕挑戰極限。他的態度教會了我重新定義失敗，失敗是沒去嘗試想做的事，而不是沒達成正確的結果。」

他問：「你們倆這禮拜有沒有搞砸什麼事？」是逼孩子延展的一股推力，試著將「失敗」變成常態，讓它變成晚餐桌上可以閒聊的話題。因為當你在腦海裡搜尋可能失敗的情況時，「失敗」便喪失了一部分的威脅，因為你已經打了預防針。

布蕾克利先生的女兒莎拉，充分消化了晚餐桌上的問題，延伸出更深刻的意義，遠超過他當初的想像。

這是我們渴望的故事結局：一個討人喜愛的企業家受到父親的啟發，活出了她的夢想，也獲得世俗豐厚的獎賞。有些企業家是贏家，有些是輸家，但他們的共通點都是願意置身於可能失敗的境況。

留在原地總是安全些，站直的時候不會跌倒。但只要稍微翻閱過勵志書的人，都一定聽過這種忠告：離開舒適圈！做點不一樣的事！翻開新的一頁！冒點風險！大體來說這算是滿不錯的勸告，對於無力改變現狀的人來說尤其受用。但必須注意一點：這種勸告多半帶有保證成功的意味。冒個險，你就會成功！冒個險，你就會更喜歡全新的你！

但事情不見得是這樣。風險就是風險。麗・查德薇爾大膽開了間烘焙坊，覺得苦不堪言。假如冒險保證會成功，就不叫做冒險了。

延展也不一定會成功，但一定能學到東西，並培養自我洞察力；同時還能搜集到各種答案，用以回答人生當中最重要而且費解的問題：我們想要什麼？我們可以做什麼？我們能夠成為什麼樣的人？我們足以承受多少重擔？

一名精神科實習醫師發現自己足以承受創傷；一個小鎮女孩發現自己能夠在異國過得很好；甚至遭逢失敗的人也能從學習中獲益，查德薇爾更加明白自己所珍視的人生事物。透過延展自我，我們創造出自我洞察的時刻，那是心理健康與幸福感的泉源。我們若不延展，便無從知曉自己的能力極限。

洞察的時刻

一、洞察的時刻產生了領悟與轉變。

二、這種時刻不需要神奇的巧合。若要為其他人帶來洞察的一刻，只消引導他們「瞬間發覺真相」，意即激發某種帶有情緒衝擊力量的領悟。

【實例】卡爾博士發起的CLTS活動，促使眾多社區驚覺隨地便溺的害處。

三、瞬間發覺真相包括了⑴擁有清晰的觀點⑵在極短暫的時間內⑶由當事人自行發現。

【實例】在「夢想練習」中，教授們發現課程大綱並沒有達成最重要的目標。

四、為了產生自我洞察的時刻，我們需要延展自我，也就是把自己放在可能遭逢挫敗的位置上。

【實例】麗・查德薇爾大膽開了間烘焙坊，但覺得壓力過大，便結束營業。在這段過程中她更了解自己的能力與價值觀。

五、導師能幫助我們達成原以為力有未逮的極限，而在過程中激盪產生決定性時刻。

【實例】精神科實習醫師麥可・德寧有位良師，敦促他值完那一夜的班。「他知道我能撐過那一晚，即使我並不知道自己有那樣的能力。」

六、足以激發自我洞察的導師制有其公式（或稱為規則）：高標準＋保證＋方向＋支持。

【實例】六標準差專家蘭潔妮・席尼文森被職場上的良師督促，培養公司業務運作的技能。「我發現原來我過去太小看自己了。」她說。

七、若期望接受你督導的人能好好自我延展，我們必須「克服想讓關心的人遠離危險、對他們竭力保護」的天性。

【實例】Spanx創辦人莎拉・布蕾克利的父親說：「你們倆這禮拜有沒有搞砸什麼事啊？」他希望子女發現自我挑戰沒那麼難，用不著害怕。

八、延展自我不一定會成功，但一定能有所改變。

〔案例3〕改善一間中國餐廳

狀況

安琪拉・楊是貓熊花園之屋的老闆，那是一間相當傳統的中國餐廳，以左宗棠雞、餛飩湯和中國生肖紙製餐墊為主要特色，位於北卡羅萊納州羅里市。在這個時代，用手機即可在Yelp之類的美食評論網站上留言，安琪拉看到了為餐廳打響名號的機會，因此她打算做出重大改變。（安琪拉和餐廳本身均為虛構。）

渴望的結果

安琪拉自認餐廳提供的食物相當好，但她也同意許多評論者的意見：用餐過程太過平淡無奇。她該如何大幅提升在貓熊花園之屋的用餐體驗，使它變得有趣而難忘？

我們如何創造出關鍵時刻？

何謂關鍵時刻？貓熊花園之屋絕不可能提供米其林星級的美食體驗。但記得魔法城堡飯店和其冰棒熱線，給我們上了一課：很棒的服務體驗大部分轉頭即忘，但偶一為之卻會令人留下精彩印象。安琪拉不需要重新設計每一部分的體驗，只需投注心力，創造出一些魔法時刻就行了。

一、加入「提升」：

- **增加感官吸引力並且顛覆腳本：**高級餐廳經常為每一位用餐客人免費提供一口即可吃掉的開胃菜。如果貓熊花園之屋為顧客端上免費的招牌開胃菜，會怎麼樣？（縮小版的豬肉水餃？）或者比照頭等艙乘客的待遇，在老主顧用餐前，呈上帶著茉莉花香的熱騰騰毛巾？

二、加入「洞察」：

- **延展自我以獲得洞察力：**這家餐廳可以設計一款讓你測試吃辣功力的菜色，比如一盤含有五種不同辣度的菜餚，好讓你測試自己是否能和中國人在吃辣上頭一較高下。（請注意，這也可以成為榮耀的時刻，與升級有關。見第八章。）

三、加入「榮耀」：

- **樹立更多的里程碑：**紐約的麥迪遜公園十一號餐廳是世上首屈一指的餐廳。它有次給用餐客人一項挑戰：讓他們品嘗多種巧克力，猜猜是用哪一種動物的奶所製成，包括母牛、山羊、綿羊，以及水牛。假如貓熊花園之屋沿用這個點子，稍加變化，提供來自中國四個地區的食物，或使用四種常見的香料，要客人進行配對，又將如何？任何人若能四組配對完全正確，便可獲贈人人都渴望獲得的「大貓熊」貼紙。

四、加入「連結」：

- 如果某一桌的客人在飲酒，服務生不妨與他們分享一些中國人喝酒的禮儀。譬如說，你和朋友乾杯後，必須喝光杯裡的酒。而當你與長者或主管乾杯，為了表示敬意，要確定乾杯時，你的杯緣須低於對方的杯緣。

- **使連結更深刻：**要是貓熊花園之屋將「幸運餅乾」重新包裝成「友誼餅乾」，裡頭附上一些富於煽動性的問題，藉此激起那一桌客人談話的火花，會怎麼樣？你可能掰開餅乾，發現上面寫著：「你最後一次唱歌給自己或別人聽，是什麼時候？」

最後總結

只要有幾次上述的時刻，就能大幅改善顧客用餐的感受。上面許多想法是某一班企業管理的學生提出來的，想來真正的中餐老闆會有比這個好得多的主意。我們希望你在這個案例診斷中看到，只要留意本書中提過的原則，要想創造難忘體驗的點子易如反掌。

引言　何謂「榮耀」的時刻？

提升的時刻使我們擺脫日常的庸碌，洞察的時刻使我們對世界和自己有嶄新發現，而光榮的一刻則是捕捉了我們最棒的瞬間，不論是展現勇氣，贏得認可，抑或是克服挑戰。

你該如何創造榮耀的一刻？顯而易見，別無竅門，你得全力以赴，投入時間，鍛鍊出更高超的技藝，卓然有成，而這些成就就會讓人自豪，就這麼簡單。

「捲起袖子動手幹」的勸告頗有道理，但是當你從片刻的角度來思考，會注意到這種忠告錯過了幾個要點。首先，通常別人關注的重點在技能本身，是技術和技能才激盪出榮耀的一刻。想想你的自豪時刻，我們敢說有不少時刻是職涯中你獲得升遷、獎項，或贏得讚美。我們會在第七章看到，透過公開表彰，可輕易為他人創造強大的關鍵時刻。我們也將看到，短短一小時的體驗是如何能讓你接下來的一個月高興不已。（喔，別誤會，我指的不是Krispy Kreme甜甜圈。）

另一個真理是，當兩人追尋同樣的目標，付出同樣的心力，卻可能有程度不同的驕傲與自豪，端視他們如何組織這份工作。你將學會「巧妙構思出光榮時刻」，意即透過博弈的手段，在你通往目的地的途中，用技巧倍增關鍵時刻的次數，在〈第八章：創造更多的里程碑〉裡，你會明白為什麼這麼多美國人總是無法真正「學會西班牙文」。

最後，我們會探查某些人最自豪的經驗，像是展現勇氣的一刻，或者為內心的信念挺身而出的時刻。這些時刻並非勤奮努力的副產品，機會可能是突如其來降臨，令人措手不及。但我們也會看到，一如鍛鍊肢體和智力的技巧，我們同樣能夠透過技巧提昇道德和培養勇氣（第九章：鍛鍊勇氣）。我們會研究士兵如何輕鬆淡定地拆解炸彈，而害怕蜘蛛的人又可透過何種方式與蜘蛛和平共處。

簡單來說，勤奮努力雖屬必要，卻不能保證我們會有關鍵時刻。接下來幾章會教你三大策略，幫助你活出充滿光彩的自豪人生。所以，翻開下一頁吧，讓時光倒回到充滿許多負面關鍵時刻的初中時期。

第七章　表揚他人的成就

有許多方式能為他人創造榮耀的一刻，最簡單的一種就是讚賞。褒揚對方，愉悅的感受就會像回力鏢一樣，再回饋到施予者身上。

醜小鴨變天鵝的轉捩點

凱拉・史露普記得那是人生中最糟糕的一年。一九八三年，她升上六年級。「你可以想像一下，一位舉止笨拙的十一歲女孩，還加上一口亂牙，失控的鬈髮，自尊心非常低落。」她說，而她父母在那個暑假剛離婚了。

那時，史露普很期待上合唱課，她有非常棒的嗓音，以及「絕佳的表演天分」。不止一個親戚說她應該要當鄉村歌曲的歌手。

那學期剛開始便發生了一件事，至今仍烙印在她的記憶裡。學生們依照聲部被分成女低音、女高音、男高音，以及男中音，依序站在合唱台的階梯上。音樂教師是個「頭髮弄成蜂窩狀、看起來永遠皺著眉頭的女人」，站在樂譜架前，拿著指揮棒依照歌曲的節奏輕點，帶領合唱團唱一首耳熟能詳的歌曲。

然後，史露普記得，老師一邊朝她走來，一邊側耳聽著，突然叫大家別唱了，直接對她說：「妳！妳的聲音聽起來……和別人不同，而且跟其他女生的合聲格格不入。你假裝有唱就好了。」

這評語讓她震驚不已：「班上其他人都在偷笑，我真希望地板有個洞，讓我鑽進去。」那一整年，每回合唱團練唱時，她只張嘴，不敢真的唱出來。

「合唱團本該是我最喜歡的活動，」她說。「家人說我唱得好，但老師卻說我不會唱。所以我連帶著質疑每一件事。」她開始有脫序的行為，跟校內的壞學生鬼混，那是一段人生的黑暗時期。

七年級結束的那個暑假，她參加了北卡羅萊納州為資優兒童辦的克羅威體驗營。她報名加入合唱團時，連自己都覺得不可置信。練習時，她依舊張嘴假裝在唱，老師注意到她的行為，要她下課後留下來。

「這位老師身材瘦小，髮長及腰，是個『可愛的嬉皮女孩』。」史露普說。她邀請史露普和她一起坐在鋼琴凳上，兩人開始在空蕩蕩的教室裡唱歌。

一開始史露普有些躊躇，但最後卸下了心防。她說：「我們一個音階、一個音階地唱，一首接一首地唱，互相和聲、即興創作，直到兩人聲音沙啞為止。」

此時，老師雙手捧起史露普的臉，凝視著她的雙眼說：「妳的嗓音很有特色、又有表達力，而且悅耳動聽，就像是知名民歌手巴布．狄倫和瓊．貝茲愛的結晶。」

那天她離開教室時，覺得自己好像放下了千斤重擔。「我感到難以言喻的幸福。」她說。然後她去圖書館翻查瓊．貝茲是什麼樣的人物。

那個迷人的暑假，接下來的日子，她經歷了一場蛻變，以蝴蝶破繭之姿出現，尋求著光亮。（而且，就在這位老師帶給她的關鍵時刻出現後，她和另一個營隊同學之間浪漫的關鍵時刻也隨之發生。參見譯註。）[10]她對自己的歌喉益發有信心。上高中後，她加入戲劇社，幾乎每一齣音樂劇均由她擔綱演出。她越來越習慣在觀眾面前表演，直到某一天，她帶領合唱團在卡內基音樂廳唱，那是她最榮耀的時刻。

沒錯，卡內基音樂廳！台上正是那個當年被警告「不要唱出聲音來」的女孩！

史露普的故事讓人深受感動與鼓舞，令人驚訝的是，這其實並不罕見。社會學家蓋德．翟葉爾（Gad Yair）訪問了一千一百人，談談自己最深刻的就學經驗。他發現所有的故事都驚人的相似。翟葉爾認為下面這則故事頗具代表性：

那年我十二歲，是被所有老師視為「差勁」的學生，學校對我來說是既冰冷又疏離的地方。後來，導師請產假，新來的代課老師宣布不論我們過去的表現如何，一切重新開始。她出了一份家庭作業，我也盡全力完成。

隔天，我大聲朗誦了這份作業，新老師在大家面前誇獎我寫得好。我，一個「差勁」的學生，班上的醜小鴨，突然間變成美麗的天鵝。她給了我自信心，完全無視於我先前悽慘的成績，彷彿為我翻開邁向成功的新一頁。

跟史露普的故事多相似啊！首先，經歷一段排擠和拒絕的黯淡時期。然後，新老師出現了，給予讚美和支持，使他／她改頭換面，醜小鴨搖身一變成為美麗的天鵝。

這樣的橋段，翟葉爾聽過無數次。他有篇研究論文的題目就叫做「灰姑娘們與醜小鴨們：學生求學生涯中積極的轉捩點」。

我們指出其間的相似處，並非想削弱這類故事的力量。正好相反，這些相似處恰恰說明了最重要的事：幾分鐘便有可能扭轉一段人生。這些時刻並不是突然降臨，而是思慮周全的教師讓它們發生了。

還有多少關鍵時刻沒機會誕生，只因老師疲倦、分心，或者不太確定如何將心中的關切，轉變成有意義的對話？假如每位老師都接受過指導，知道怎麼跟史露普這種看起來受過傷、性格退縮的學生打交道，又將如何？不妨將這種指導納入新任教師訓練，像是如何在寶貴的幾分鐘內，為一個孩子的人生帶來長久的影響。以下是重點。

有許多方式能為他人創造榮耀的一刻，最簡單的一種就是讚賞。在這一章，我們會了解為何賞識他人是如此重要；該如何面對這種時刻，好讓它大放異彩；還有，為什麼接收者愉悅的感受會像回力鏢一樣，回到施予者身上。

讚賞不能流於儀式

羅斯福大學的卡洛琳・懷利（Carolyn Wiley）檢視了四組分別執行於一九四六、一九八〇、一九八六及一九九二年的員工激勵研究，每一份研究均要求員工為能激勵他們的因素排出名次。最常見的答案包括「職務內容有趣」、「工作穩定」、「薪水好」，以及「有參與感」。縱觀這四項橫跨四十六年的研究，每次皆位列前兩名的激勵因素只有一個「因工作達成，獲得充分的讚賞」。

對員工來說，認可與讚賞的重要性毋庸置疑。但問題就在這裡，儘管贏得認可是普遍的期待，被讚賞卻不普遍。

懷利總結了研究成果，有超過八成的主管聲稱自己經常對下屬表示感謝，但卻僅有不到兩成的員工回報說，主管三不五時會表達謝意，這種情況，就叫它「認知差距」吧！

這項認知差距會導致某些後果。一項調查發現，人們離職的主因是缺乏讚美和認可。企業高階主管察覺到這種不足時，他們的處理方式，通常是舉辦表揚計畫，像是「本月最佳員工獎」，或在每年一度的大會上表揚明星員工。但這類計畫往往不夠好，原因有二：第一，重點不在規模。我們談到表彰員工的必要，並不是一個月選出一名員工而已！公開讚美的適當頻率是每週、甚至每日，而非以月或年為單位。

其次，這種計畫太過僵化、流於形式，易招致懷疑。舉個例子，打從出現「本月最佳員工獎」後，這種表揚方式向來一成不變。比方說，如果你給獎公正，每個月拿獎的都是最優秀的員工，但每回都頒獎給珍妮似乎有些說不過去，於是你開始編造一些理由，讓大夥兒都有份，就這樣在員工之間輪了一、兩年，只剩下史都華沒拿過獎。這延伸出了另一個問題，所以在某個十一月，你只好讓他也有機會「聞香」一下（例如「他拖延的毛病好了很多！」），從此每當你提到「本月最佳員工獎」，底下的員工就開始翻白眼，暗自祈禱這回不是他們。[11]

研究褒獎的專家知道如何閃避這種陷阱。他們建議採用客觀的評量方式，例如業績，以避免大家對正式的表揚計畫，產生懷疑甚至不屑，若史都華一直沒達到業績目標，便永遠無法贏得獎項。結案！

關鍵在於，讚揚其實大多是屬於私人互動的範疇，而非流於儀式。根據我們的研究，當大家被問及職業生涯中的關鍵時刻，答案多半是某次單純的一對一交流，對此我們相當驚訝。試舉一例：

> 我打掃了後方儲藏室，重新排好每一輛腳踏車，好讓清點工作更容易進行。經理為此大大誇了我一番。我真驕傲有人肯花時間注意到我的付出……

另一個例子是：

> 幾年前，我在辦公室裡工作時，一名和公司有業務往來的新客戶走了進來。他找我的

同事說話，看起來心情很差……我從後面房間往前走，看看有沒有我能幫得上忙的地方。然後，我注意到某個同事和客戶都沒發現的錯誤，替他們解決了難題。這名客戶非常感動，要求跟我的主管說話，告訴他我有多棒。那是個令人印象深刻的時刻，即使這只是件小事，但我確信，我的主管是從那時起才注意到我工作賣力。

這兩個例子的相似之處在於：讚美都是在當下，而不是某個排定時間、回饋意見的集會，而且是針對特定行為。佛瑞德・盧森斯（Fred Luthans）與亞歷山大・D・斯卡達斐濟（Alexander D. Stajkovic）在一篇經典論文中，強調有效的褒獎會讓員工覺得有人注意到他們的付出，就好像聽到經理說：「我看見你所做的一切，我很感激。」

在禮來公司（Eli Lilly）負責培訓領導才能的凱司・瑞辛格，早已將「表揚」視為管理風格的標誌。他早期曾授命領導一組業務專員，去拜訪精神科醫師，說服醫師採用禮來公司的藥物來治療病患。

這一組業務專員，大部分都帶他去見最好的客戶，在主管面前表現出很厲害的樣子。但其中的鮑伯・休斯卻不這麼做。他說有位客戶很難搞定，姑且稱他為辛醫師，請瑞辛格幫他一把。休斯對於和辛醫師的業務，始終沒什麼進展感到挫折。每當休斯去辛醫師的辦公室找他，辛醫師對禮來的藥物總是顯得極有興趣，但開處方時，卻從來不用這些藥。

瑞辛格隨休斯去辛醫師的辦公室找他時，注意到一個大問題。休斯的推銷有聲有色，卻不怎麼聽對方說話。拜訪過後，瑞辛格問了休斯幾個有關這位醫生的基本問題，諸如他如何選擇藥品？他多久見一次目前診療的病人？他慣用哪些方法改善病人的健康？

休斯全都回答不出來。於是瑞辛格給他一項任務，要他對客戶多一些好奇——別再做業務提案，試著了解辛醫師的想法。接下來的數次拜訪，休斯才開始明白辛醫師何以遲遲不肯換新藥。

比方說，禮來有款叫做Zojenz（化名）的藥，是為了注意力不足過動症（ADHD；簡稱過動症）的病患而設計。辛醫師收治許多過動症的病人，但他還是一直開別種藥，不肯用Zojenz。休斯為此相當不解，他認為Zojenz非常適合辛醫師的病人，治療過動症很有效，它不像其他藥物，並不是興奮劑。辛醫師自己也說過這種藥的評估概況很好。那他為什麼不肯開給病人吃？

休斯開始傾聽之後，得知辛醫師有許多病人是青少年，都是遇到了難關才來找他。諸如有行為問題的學生，即將被迫停學或某一科被當。這些身處危機的病人需要立竿見影的藥，但Zojenz藥效溫和，需要一個月甚至更久才能發揮強大的效果。

休斯便向辛醫師提議另一種做法，何不利用暑假開Zojenz給病人，在假期裡，孩子無須使用必須立刻見效的藥物。休斯還建議開Zojenz給有過動症的成年病人，因為他們可能不太願意服用興奮劑。

辛醫師覺得這主意很好，開始用Zojenz治療病患，發現成效很不錯，最後完全支持這種藥。

瑞辛格見到休斯的成果十分興奮，這正是他想灌輸給業務代表的好奇心。

大約一個月後，瑞辛格在一場業務會議上，以休斯說服辛醫師的故事作為開場白，強調提問以及傾聽的重要性。為了紀念這一刻，他送給休斯一份象徵聆聽的禮物：一組博士音響的耳機。

「那一刻我非常自豪，」休斯說，「製藥產業的人都相當聰明又好勝，能夠打敗同儕，並且領取這樣的獎，要比拿獎金更有意義。」

此後，瑞辛格更常頒發不同獎賞給不同的人。比如某個業務人員為一位客戶構思出最適切的解決方案，他便送這名業務一台Keurig的單杯式咖啡機（每一杯都是你為某人精心調製的咖啡）。至於對客戶展現絕佳好奇心的業務人員，他則會送North Face的戶外運動用品，其品牌標語是「探索永不停止」。

藥廠的業務代表收入豐厚，負擔得起自己的耳機和咖啡機。但這些獎賞是一種象徵。瑞辛格用這些略帶傻氣的禮物，為團隊成員創造充滿驕傲的一刻。

也許你有不同的管理風格，覺得這些主題性的禮物行不通。不過，表達讚許的方式有很多，有些是發乎自然、合乎實際，例如上面提到的經理誇獎下屬「打掃房間，重新排好每一輛腳踏車」。有些是溫暖的關懷，比如那名老師雙手捧起凱拉的臉，說道：「妳的嗓音非常悅耳。」

風格並不重要，重要的是出自真心，是人對人，而非囿於程序。頻率也很重要，至少幾週一次，而不是一年一次。最後，最要緊的當然是訊息本身：「我看見你所做的一切，我很感激。」

用感恩回應讚賞

若是規模大到你不得不按照程序來，那麼該如何傳達一對一的讚賞？試想一個有數千名捐款人的慈善組織，照理每位捐款人都該收到貼心的一對一回覆，但實務上是不可能的。不過，有個叫做DonorsChoose的公益團體找到了一種方式，他們的主管已經按部就班建立起表達讚許的模式。

DonorsChoose的網站供教師向群眾募資，以執行學校的計畫。小學老師想募得二百五十美元買些新書，而高中的自然科學老師需要六百美元訂購新的實驗室器材。在這個學校預算大舉遭砍的時代，外界捐贈的款項更顯彌足珍貴。

重要時刻直到一、兩個月後才出現，就在大多數人已經忘記曾捐過錢的時候，卻在此時收到郵件包裹，裡面裝滿了不同人（接受捐款的那群學生）寫的感謝信，信的開頭稱呼他們的名字。

洛比亞・阿莫德和丈夫捐了些錢給一個小學班級添購基本用品。這是夫妻倆收到的其中一封信：

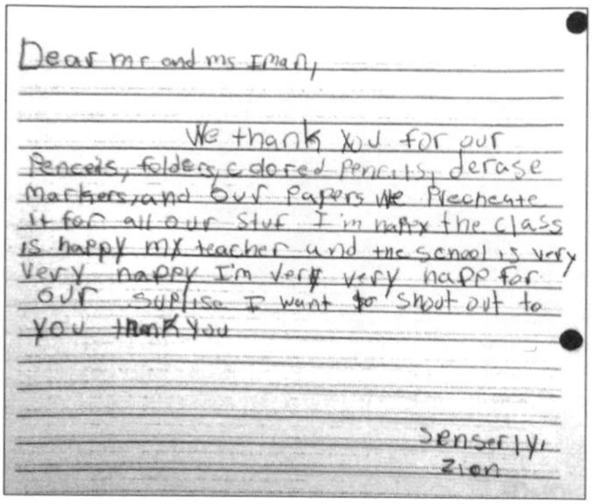
Dear mr and ms Iman,
We thank you for our Pencels, folders, colored Pencils, derase Markers, and our Papers we Precheate it for all our stuf I'm happy the class is happy my teacher and the school is very very happy I'm very very happ for our suplise I want to shout out to you thank you
Senserly, Zion

親愛的艾莫弗夫婦：

　我們有了鉛筆、文件夾、彩色鉛筆、橡皮擦、簽字筆，和我們用來寫所有東西的紙張。我真高興，因為全班很高興，老師跟全校都好高興喔。我也很高興大家都給你們驚喜。我想大聲跟你們說謝謝！

席安　敬啟

「我哭了，」她說，「這些孩子，他們真的感謝我送他們鉛筆。」

　阿莫德原本對收到感謝信一事心存抗拒。（網站的政策是捐五十美元以上的人，網站會自動寄出謝函，除非他們勾選不要，這樣做的人很多。）「孩子不需要為這種事說謝謝，」她想道，「我們只是像對待自己的孩子一般提供這些用品。」

　但她和DonorsChoose的職員聊過以後，體認到此事對學生們也有相當大的好處：「並不只是得到物資，而是珍惜這些東西，並且知道世上有人希望他們出人頭地。」

　小學教師瑪麗・琴・佩思利用DonorsChoose網站籌募金錢，因為那間位於喬治亞州她所任教的學校，需要資源回收桶。她班上學生的親戚雖紛紛慷慨解囊，但最終讓這項計畫拍板定案的款項，卻是一筆住在維吉尼亞州、阿靈頓的一名女子所捐助。「我們與她素昧平生。」佩思對班上學生說，「孩子們，阿靈頓離我們很遠，我們甚至不認識她，但她卻認同我們要做的事很重要。」學生們訝異極了，大家等不及要寄小卡片給住在阿靈頓的這位善心人士。

寄發感謝信是DonorsChoose從二〇〇〇年起就有的慣例，組織成立於該年。最初，這個組織每年寄出幾百封信。到了二〇一六年，DonorsChoose已發出近一百萬封信！（下頁是最近的兩篇範本。）

這份努力需要認真的後勤，包括十來名員工和一百二十名協助審核信件的義工。經常有人建議掃瞄這些信再透過電子郵件分發，使這套程序更有效率。（記得稍早的警告：合乎常理容易使人意志消沉。）「這種促進感恩的行為，恰恰違背了依比例辦理的建議，」茱莉亞・普利安托，DonorsChoose的副主任之一，負責統籌捐款人信件的事宜。「但人們正是因為這個才記得這次經驗。」

二〇一四年，這個團隊分析過往的數據，發現選擇接收感謝信的捐款人翌年會捐更多錢。這些信件建立起承諾。但就DonorsChoose而言，這些調查結果可說是無關緊要。

「我們不是行銷部門，」普利安托說，「我們並非為了募更多錢才這麼做。我們相信這是組織模式的要素之一。我們一貫堅信感恩才是正確的態度。」DonorsChoose為捐款人建造了「關鍵時刻的寶庫」。

捐款人洛比亞・阿莫德有一格抽屜，專門放她想保留的東西，比如子女的成績單。這裡也收著DonorsChoose的感謝信。

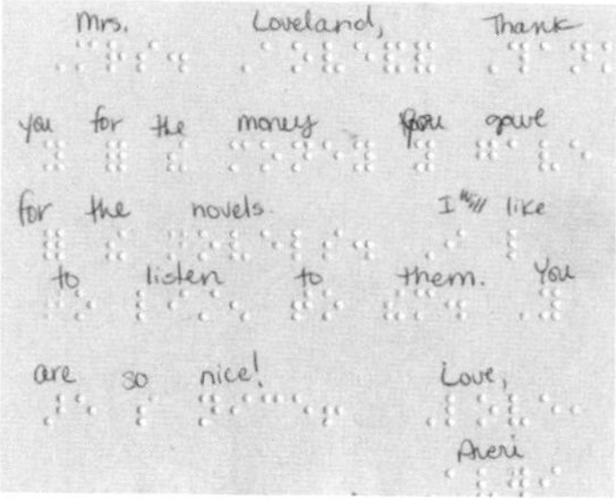
Mrs. Loveland, Thank you for the money you gave for the novels. I will like to listen to them. You are so nice! Love, Areri

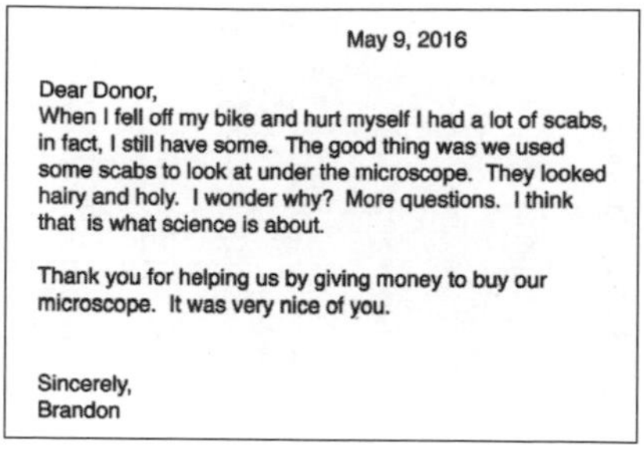
May 9, 2016

Dear Donor,
When I fell off my bike and hurt myself I had a lot of scabs, in fact, I still have some. The good thing was we used some scabs to look at under the microscope. They looked hairy and holy. I wonder why? More questions. I think that is what science is about.

Thank you for helping us by giving money to buy our microscope. It was very nice of you.

Sincerely,
Brandon

二〇一六年五月九日

親愛的捐款人：

我從腳踏車上摔落受傷後，皮膚結了很多痂，有些至今還沒好。有趣的是，我們把幾個痂放在顯微鏡底下看，看起來毛茸茸的，有種神聖感。我在想為什麼呢？問題還有很多。我想這就是科學存在的理由。

謝謝你捐錢幫助我們買顯微鏡。你人真好。

布蘭登　敬啟

親愛的洛芙蘭太太：

謝謝妳寄錢給我們買小說。我很期待聽老師講這些故事。妳真是大好人！

愛妳的　艾薇兒

投資報酬率最高的「感恩拜訪」

不消說，表示感激會讓接受讚美的一方感到高興，也會因此產生回力鏢的效果，連帶著讓感謝者也備受鼓舞。正向心理學家尋求讓人們更快樂的科學方式時，發現了所謂「感恩拜訪」的力量。正向心理學之父馬汀・塞利格曼（Martin Seligman），建議做下列練習：

閉上雙眼，試著回想某位仍在世貴人的臉，她／他數年前曾經做過某事或說了某些話，使你的人生變得更好，可是你卻未曾當面好好向她／他致謝。現在，你心頭浮現哪張臉孔？

你的任務是寫一封感謝信給這個人，親自交給對方。這封信要寫得具體且清楚，約三百字，明確說出對方曾為你做過什麼，對你的人生造成什麼樣的影響。並讓對方知道你目前的情況，強調你經常想起她／他的付出。

想想下面這封信吧。這是就讀於蒙大拿州立大學的保羅・格萊思曼寫給母親的信，後來當面念給她聽。

> 媽，從我出生到現在，妳日復一日地影響著我的生活……
>
> 我讀高中時，每一場球賽妳都會盡可能趕來參加，即使這表示妳必須提早離開公司，趕搭公車來到現場。妳就在那裡。不管我有沒有打進楓谷的季後賽，妳總是裹著毛毯在現場觀看。十月中旬有時下起傾盆大雨，妳穿著雨衣，依然在那裡……

妳不斷督促我在校取得好成績，因為妳希望我能上大學。我記得那天得知被蒙大拿大學錄取時，我們在一起分享那美好的一刻……我知道若不是妳，我不可能繼續受教育，關於這件事，我要向妳道謝……

不論是艱難或快樂的日子，妳都在一旁支持著我，我無法形容這對我有多重要。我只能說，我全心全意地愛妳。妳是非常好的人，也是一位了不起的母親。謝謝妳付出的時間和心力，造就我成為今日的男子漢。我全心愛妳。

對這位母親來說，這次的感恩拜訪無疑是一個顛峰，它包含了關鍵時刻的四大要素：提升，它沒照劇本走；洞察，她得知兒子對她的看法；榮耀，為孩子的成就感到驕傲；連結，母子之間深刻的情感。（讀這封信時，母子二人都雙眼含淚。）

對格萊思曼來說，這次也是關鍵時刻；據他說，這是他大學時代排名第三的難忘經驗，僅次於畢業與參加全美足球冠軍賽。

研究人員發現，在你進行感恩拜訪後，會感到喜悅之情充塞胸臆。事實上，在正向心理學的各種干預方式裡面，它帶來相當明顯的高昂情緒。格萊思曼感受到了，「那是令人驚喜的一刻，」他說，「我有種幾乎天下無敵的感受。」

更棒的是，研究人員表示，這種感受會一直延續著，就算一個月過後，曾進行感恩拜訪的人依舊比對照組的同儕更快樂。

令人嘆為觀止！世上有許多賞心樂事，足以讓我們開心個把鐘頭，就像溫熱的甜甜圈，但是一個月後依然能讓人開心的事卻是寥寥可數。

小投資卻能產生了大回報，這是表達讚美最棒的部分。音樂老師稱讚某個苦惱的學生唱歌動聽，業務經理送了一副耳機當作獎賞，主管看見員工把儲藏室整頓得井井有條，立刻誇他幾句。這些都是對方會記得的讚揚時刻，並在往後的日子裡心存感念。

若你知道自己能夠為某人帶來正面的影響，為他們創造難以忘懷的回憶，而你只需要花費一點點時間，你會這麼做嗎？

喏，現在你知道答案了。

你會這麼做嗎？

第八章　創造更多的里程碑

成功源自於想跑到終點的企圖與堅持，途中每一個「可以征服、也值得征服」的里程碑，正是驅使我們不放棄、再加把勁的動力！

為懶骨頭打造的「五公里慢跑計畫」

一九九六年，二十五歲的喬許・克拉克（Josh Clark）跟女朋友鬧得很不愉快，最後分手了，他變得委靡不振，於是開始慢跑。喬許一向討厭慢跑，但心想這次也許會改觀。

結果並沒有，還是那麼乏味痛苦，和以前一樣。但這次他堅持下去，最後他猶如「走出了黑暗隧道，重見光明。」他說。一次次跑步開始有不同的感受，能沉思也帶來放鬆感。他簡直難以置信，從未想過自己竟然會愛上慢跑。

他說覺得自己燃起一股「皈依者般的熱忱」，並且決定幫助其他人發現慢跑的樂趣。有沒有什麼方式能讓人「重見光明」，卻又不必像他那樣活受罪？他忖度著：我要怎麼帶給人們輕鬆的勝利？

克拉克動手草擬幫助人們輕鬆跑步的計畫。他想，人都需要目標，意即令人期待的某樣事物。直覺告訴他，五公里賽跑應該是不錯的目標，這些賽事是公開的社交活動，有競爭又好玩。（它們是顛峰。）最重要的是，五公里代表了可能達成的挑戰，因為身體還算健康的人，走個五公里本來就沒問題。

他命名為「懶骨頭五公里慢跑計畫」（簡稱五公里計畫）。根據這項計畫，每週鍛鍊三次，沙發上的懶骨頭在九個星期後就能夠跑完五公里。第一步健身練習不難，包括慢跑六十秒與步行九十秒交替進行，連做二十分鐘，其後練習的難度持續升高。

克拉克需要找個人來測試這項計畫，所以撥電話給媽媽。她不太想配合。「他想法子要說服我也加入跑步這檔事。才不呢，」她說。但她的母性發揮了作用，她勉為其難試了一下，真的有效。她發現「可以說有點訝異吧，居然不必付出大量精力或矢志投入，也做得到。」

克拉克受到了鼓勵，便將計畫貼在為跑者設置的網站上。那是一九九七年，全球資訊網剛出現不久。「讓我驚訝的是，人們開始加入，互相討論，例如『我是第三週第二天，現在可以做到這樣……。』」克拉克這麼說。

這些年來，大眾對五公里計畫的興趣有增無減，這項計畫有幾個神秘之處。比如，第五週的某一刻被賦予一個專屬的縮寫詞 W5D3（第五週第三天）。在這一天，上路的跑者必須大大加把勁才行。儘管上一個練習還是兩次為時八分鐘的跑步，中間步行一次，W5D3 改為要求持續慢跑二十分鐘，是參加者截至目前為止最長的「延展」範圍，讓所有跑者害怕又厭惡。有個跑者在某篇〈令人恐懼的W5D3〉部落格文章裡寫道：「我可以想到至少有十個地方，以前的我會停下來用走的，但這次我拖著腳步跑，有時候放慢步伐，直到我重新調整好呼吸，又繼續加快向前跑。我辦到了！唷呼！」

二〇〇〇年，克拉克的網站吸引到幾名廣告商，便決定把它賣給一家名叫Cool Runnings的公司，他繼續當軟體介面設計專家。但這些年來，他構思出的五公里計畫呈現驚人的成長，幾百萬人聽過這項活動（如今稱為C25K），已有數十萬人參加。

克拉克收到了無數封措辭激動的感謝信，說五公里計畫改變了他們的人生。他的初衷是讓大家體會跑步的樂趣，無意間卻為這段過程帶來了關鍵時刻。

數十億美元的預算被用來鼓勵人們運動，然而這些投資卻幾乎形同浪費般毫無用處。反觀這項計畫卻莫名地說服了成千上萬人練習五公里慢跑。這是怎麼回事？

「保持健康」這個常見的目標既籠統又缺乏激勵意味。追求這項目標，好比踏上一條既無明確目的地、過程中亦無慶祝時刻的路途。五公里計畫有一套規則，它尊重每一刻的意義。首先是承諾加入這項計畫的時刻，這是第一道里程碑，將自己的決心公諸於世。挺過難度極高的W5D3則是第二道里程碑。（如同上述引用的那段文字，「我辦到了！唷呼！」這就是自豪的聲音。）不消說，跑完五公里就是個顛峰，完全具備了提升、連結和榮耀等元素。「三個月前，我跑個一百公尺都會喘，如今我是能夠一路跑到終點的人！」

「懶骨頭五公里慢跑計畫」為參加者締造了更多的里程碑，好讓他們體驗到更多自豪的時刻。同理，我們也能在生活和工作各方面，多運用這種策略，重新思索設定目標的方式，以體驗更多的關鍵時刻。

破關升級的人生攻略

史帝夫・康姆（Steve Kamb）這輩子就愛打電玩，甚至到了沉迷的地步。他不免煩惱自己到底浪費了多少時間，耽溺在電玩遊戲的樂趣裡。有次，他突然想到或許自己可以控制這種癮。如果他能夠了解自己為何一玩起遊戲便欲罷不能，他就能利用相同的原理，重新建立「以冒險而非逃避為主軸」的人生。

他在《破關人生：解鎖冒險和幸福當自己故事裡的英雄》（*Level Up Your Life: How to Unlock Adventure and Happiness by Becoming the Hero of Your Own Story*）一書中，描述這種能一關接著一關升級的遊戲結構，「當你在第一關殺蜘蛛時，只要殺夠數目就能升級，接著便可以開始攻擊老鼠。一旦你升到相當高的級數，你知道緊接而來地就會輪到挑戰『該死的惡龍』啦！」

破關的感覺很不錯，正因為如此，就算你從未打到最後一關，仍舊會愛上遊戲。想一想，不管是憤怒鳥、糖果傳奇（Candy Crush），或大金剛系列遊戲（Donkey Kong）的玩家，很少人真的打到最後一級，但大家還是樂此不疲。

康姆的獨到見解是，我們在設定人生目標時，往往只說總目標，卻少了中間幾個里程碑。

我們宣稱要「學會彈吉他」，於是上了一、兩堂課，買了把便宜的吉他，花上數星期練習幾種簡單和弦。然後日子變得忙碌，七年匆匆過去了，我們忽然在閣樓裡發現這把吉他，心想：「我應該重拾吉他才對。」發現了嗎？過程當中沒有分級的目標。

康姆一直以來都很喜歡愛爾蘭音樂，曾幻想學會拉小提琴。因此，他結合了電腦遊戲的策略，想出「升級」的方式，以期達成目標：

第一級：每星期排一次小提琴課，每天練習十五分鐘，持續半年。

第二級：重新學習看樂譜，練完克雷格・鄧肯的凱爾特小提琴曲。

第三級：練習用小提琴拉《魔戒首部曲：魔戒現身》電影裡的〈關於哈比人〉（Concerning Hobbits）。

第四級：坐下來拉半小時的小提琴，和其他音樂家一起演奏。

第五級：練習用小提琴拉《大地英豪》電影裡的〈海岬〉（Promontory）。

頭目戰：找一間愛爾蘭的酒館，當眾拉半小時的小提琴。

很厲害吧？他鎖定一個不明確的目標——學會拉小提琴，接著找出具吸引力的最終目的地——在愛爾蘭小酒館裡演奏。更棒的是，沿途他還擬定了五個里程碑，得在抵達目的地前完成，每個里程碑皆是值得慶祝的大事。值得留意的是，這就好比電玩遊戲，即使他在第三級止步，他依舊有好幾個充滿自豪的時刻，供一輩子回味。這將會是一趟有趣的旅程，就像是玩到第三十級的糖果傳奇一樣。

你能夠將這種策略用在某種目標上嗎？舉例來說，許多美國人想學別的語言，「學西班牙語」正屬於這種模糊的目標，教人躊躇不前。既無目的地，也沒有中間的里程碑。若引用康姆的原則，我們便可將學西班牙文變成更令人興奮的旅程，打怪升級：

第一級：以西班牙語點餐。
第二級：用簡單的西班牙語跟計程車司機聊天。
第三級：瀏覽一份西班牙文報紙，至少看懂一則標題。
第四級：看懂一部西班牙文卡通的劇情。
第五級：讀一本幼兒園程度的西班牙文書籍。

如此這般，一步步走向目的地：能夠用西班牙語跟會計部的費南度順暢交談，而不是只會說：「你好嗎？」

比較一下這個計畫和一般傳統追求目標的方式有何不同：

第一級：試著擠出時間讀西班牙文。

第二級：試著擠出時間讀西班牙文。
第三級：試著擠出時間讀西班牙文。
第四級：試著擠出時間讀西班牙文。
第五級：試著擠出時間讀西班牙文。
目的地：總有一天會「懂」西班牙文。

哪個計畫聽起來比較好玩？若是你被迫中斷學習，你比較可能重拾哪個計畫？哪個計畫你比較可能完成？

記錄每個值得自豪的里程碑時刻

我們若借用史帝夫・康姆的升級策略，為這趟路途加上更多激勵人心的里程碑，就能期待著自豪時刻迎面而來。但也有可能，此舉會讓早已達成、卻被我們不小心忽略的里程碑浮現出來。

稍早曾提到Fitbit為顧客設定了里程碑，以慶賀他們健身有成。例如印度獎章是祝賀你走完了一千九百九十七哩，相當於印度國土的長度。（慶祝達成兩千哩步行距離似乎更恰當，但總覺得印度獎章更有趣而令人難忘。）倘若公司沒發出提醒，沒有一名顧客知道自己達成了這種功績。

說來奇怪，人們就是那麼容易輕易地讓這類自豪時刻溜走。以青少年運動聯賽為例，整個賽季中有各種自然發生的榮耀時刻，包括得分、獲勝等。但孩子們打籃球的優越技能呢？

當然，這些孩子大概知道自己經過一個賽季後會有些進步，但進步是緩慢累積的過程，幾乎察覺不到。你沒辦法將記憶倒帶回到半年前，清楚見證自己雙手連續運球的技巧精進不少，但你卻能倒轉青少年運動聯賽的影片。

如果每一個籃球隊上的男孩，賽後都能拿到一支「參加前VS.參加後」的影片，據以比較他在賽季開始和結尾時的表現，又將如何？一定會清楚看到進步：「仔細瞧！我那時還不太會左手運球！哈哈，我還不會罰球呢。」這是多麼令人驚嘆的自豪時刻啊。「瞧瞧我進步好多！」但我們從未遇過哪一位教練，曾經發揮這種直覺，為隊上的球員創造這樣的自豪時刻呢。

一般夫妻如何慶賀結婚紀念日？去旅行、外出享用一頓大餐、互贈禮物？這些時刻充滿了提升與連結，但自豪感呢？難道夫婦不應該感恩，一起慶祝兩人共同達成的人生任務嗎？

我們認識一對夫婦，手上有一本慶祝十年婚姻的結婚紀念日日誌。他們每年都會記錄兩人一起完成的事物：重新裝潢房屋後側的臥房，招待整個家族的人來家裡吃感恩節大餐等等。他們還記錄了一起出遊的點滴，以及經常見面的好友，更妙的是，連吵架的原因也寫在上頭！

這名丈夫說：「回顧去年的嚴重爭執，這一招不適合膽子小的人，因為你很可能會想再吵一次。」但持有這種紀錄的確管用，因為上頭有兩人越來越懂得經營婚姻的明確證據。結婚頭一年，兩人幾乎無所不吵。（舉個實例：哪一種調味料可以放在廚房餐桌上？）接下來三年，爭執日益減少，邁入第五年時，他們只記得一次小口角，並未真正吵過架。如今他們想到為了調味料爭吵，只覺得好笑。

這種笑象徵了榮耀時刻，「瞧我們進步了多少啊。」我們猜想，要是沒寫日誌，這樣的時刻絕對不可能發生。

設立數個里程碑，成為致勝中點站

從前面的敘述不難看出，我們經常錯過為自己與他人創造光榮時刻的機會。這真是有趣，但是為什麼？

我們的理論是這樣的，我們在職場上面臨各種目標，猶如不斷被洗腦。高階主管經常設定類似下述的目標：二〇二〇年，營收要成長到兩百億美元！（順帶一提，這個例子是真的，我們碰過這種公司高層。因此我們認為在此時此刻，世上大概有數百萬人正努力達到某個目標，而之所以設定那個數字，可能只是因為名頭響亮而已。）

類似的目標會往下細分。以設定「二〇二〇年，營收兩百億」的組織而言，其中某個業務單位可能會有一個較小的子目標：二〇一八年，南美洲的市佔率必須增加到百分之二十三。一旦立下了這樣的目標，這個團隊就會研擬一堆計畫以求達成。

一個有具體數字的目標，加上子計畫。請注意，兩者的結合呈現出一個不太具有激勵效果的目的地，而沿途也缺乏有意義的里程碑。因此，如欲達到「二〇二〇年、兩百億」的目標，需要極其龐大的心力，更剝奪了許多榮譽感。

平心而論，結合「目標設定」與「規劃」，的確能推動組織朝正確的方向邁進。但這些做法（工具）的價值，只在於讓每個人承擔起工作的責任。它們既不具備內在的激勵效果，也無法讓扛起責任的人們工作起來更愉快。

我們得盡量小心，別讓這種設立目標的企業風格滲進我們有完全主導權的私人生活裡。「我要在兩個月內減五公斤」，這句話正是典型的企業目標，充滿任意主觀、數字導向，而且過程中沒有里程碑。現在你已經知道該怎麼做：恢復里程碑並且逐步升級，例如整個星期都不搭電梯。週一到週五滴酒不沾，週末時喝兩杯微釀啤酒。如果播放清單上播完了三首歌曲，而我還在跑，便可再下載三首新歌。例子多得很。

進一步說，最終目標不應該是「減五公斤」，而是某個更富含內在激勵效果的事物，諸如「穿上那件性感的黑色長褲（但不會因壓迫腸胃而腹痛）」。忽然間，你的減重計畫變成一項好玩的任務，沿路有多次破關的挑戰，而非每天站上浴室的磅秤量體重。

有哪一種方式能在組織內部傳達這種精神，沖淡只有目標與計畫的「指揮與控制」文化？睿智的領袖能夠在邁向更大目標的路途上，設定一些里程碑。假設你的小組必須在本年度第三季結束前，將顧客滿意度提高兩成。你對這項目標與它的制定過程無置喙餘地，但你仍可為這個團隊設立好幾個里程碑（請注意不一定要按照此處的順序）：

第一道里程碑：收到一封顧客寫來的致謝函，字裡行間洋溢著感激之情。

第二道里程碑：整個星期的滿意度調查，沒有顧客只給一分（滿分是七分）。

第三道里程碑：上個月滿意度調查中最嚴重的投訴問題獲得解決。

第四道里程碑：達到目標的一半，滿意度上升到百分之十了。

這樣的例子不勝枚舉。

若想找出諸如此類的里程碑，問自己，什麼事物本身具有激勵效果？（收到言詞懇切的感謝函。）有哪些值得慶賀的成果，只需要花上幾星期或幾個月的心力就可達成？（解決最棘手的客訴問題。）有沒有哪項乏人注意的成就，其實值得被選出來稍加慶祝？（整個星期都沒有拿到最低的一分。）

這個邏輯也適用於不太明確的目標上，像是培養領導技巧。在大部分組織裡，「升遷」是唯一明確的「升級」。但要是某個員工花了五年才獲得升遷，或者她不想也不適合升遷，該怎麼辦？你要如何在過程中創造一些里程碑，成就這些人的自豪時刻？

大機構常提到某人能否「勝任」。也就是說，要做好某一件事，你得培養某一領域的特定能力，比如設定願景、敏銳的商業觸覺，或是資料分析。（是的，大部分聽起來都很乏味。）

但是，盡量別給員工下達「如何建立商業觸覺」這類模糊指令，而是為他們建立一系列有意義的里程碑，以期達成目標（這裡再說一次：不必按順序進行）：

＊扭轉某項產品或服務的頹勢
＊直接向經理層級報告某事
＊和其他部門或小組協力解決某個商業難題
＊有人讚美你召開的會議都值得投注心力
＊依照預算和時程，執行完一項大型專案
＊提出某個各部門均採用的想法

上述事項並非升遷的檢核表，我們畢竟不可能創造出一份足以套用在所有人或各種情況的清單。這些里程碑只不過展現某種成就的目標，意思是說，這些方法或許可以幫助你培養技巧，對組織展現你的價值，但做到這六件事，不代表你就會升官，不過，若你真的這麼做，我們會給你讚揚。

蒐集能激勵人心的紀念品

達成里程碑讓人發自內心感到驕傲，理當為此慶祝，建立提升的時刻。（別忘了，里程碑和低谷、轉捩點，是三種自然出現的關鍵時刻，值得格外關注。）里程碑應當視同顛峰。

童軍深諳這個道理。推行已逾百年的童軍榮譽勳章計畫，頗能為設立多個里程碑，逐一慶祝的做法佐證。榮譽勳章是在「榮譽議庭」上頒給童軍，也就是在同儕的面前獲得表揚。這是顛峰。同樣地，空手道的初學者從白帶晉升到黑帶的專業等級，也大多會舉行公開的授帶儀式。

對某件事培養出終生熱情的人們多半也抱持著相同看法，不管他們有無意識到這一點。在某研究機構擔任行政主管的史考特・艾多，經友人推薦讀了一本關於阿龍・伯爾（Aaron Burr）的書。伯爾是美國第三任副總統，廣為人知的事蹟是在一次決鬥中，殺了同為政界人士的亞歷山大・漢彌爾頓，在書中被描述為美國人的英雄。幾星期後，艾多如饑似渴地讀完了大衛・麥卡洛為美國開國元勛約翰・亞當斯（John Adams）所寫的暢銷傳記，卻用負面角度刻劃伯爾。

他接著讀喬治・華盛頓的傳記，果不其然，這本書用不同於麥卡洛的筆法來描述約翰・亞當斯。然而，一旦他將同樣的人物和事件讀完了三遍（因為華盛頓、亞當斯和伯爾都有重疊），他對歷史的見解就此改變，不再是學校裡讀的那一套。他眼中的歷史人物不再顯得扁平又充滿矛盾，反倒開始趨於立體。

他欲罷不能。他以前就喜愛歷史，但這幾本傳記為他帶來了某種目標。某天，他對家人宣布，他打算依次讀完每一位美國總統的傳記。「我變得不光是喜歡歷史，」他說，「更是一種追尋。」這份追尋有四十五座里程碑在等著他。

頭一年他就懷抱著熱情看完了前八或九任總統的傳記。到了米勒德・菲爾莫爾（第十三任總統）那本，速度慢了下來。之後，拉瑟弗德・B・海斯的傳記幾乎讓他半途而廢——「你大概想不到更爛的書了吧。」他說。他花了一年才讀完。

這份追求隨著時間而有變化。現在，每當艾多讀完一名總統的傳記，便向美國鑄幣局買一枚那位總統的紀念錢幣。這些錢幣是一種象徵，他一看就知道自己的進展，而親戚們開始買總統的親筆簽名送他，也有同樣的效果。

還記得我們在第一章裡談到，每個人收進「藏寶盒」裡的事物，裡頭都是古早的獎品、票根和日誌？艾多的藏寶盒中全是精裝書、年代久遠的硬幣和親筆簽名——是他花時間慢慢讀完美國歷史的軌跡，在每個自豪時刻留下來的紀念品，相當吸引人。

想想翻閱護照時，看著上面的印戳感覺是多麼美妙。一看到墨漬，種種回憶便一下子湧上心頭。依照這種精神，登機證設計成「藏寶盒」的款式不是最合適嗎？若你造訪舊金山，登機證的存根聯應該是金門大橋的圖案，而非像是點陣印表機印出來的東西。

艾多估計要花上兩、三年才能讀到現任總統的傳記。「除非我死了，否則我一定會完成這件事。」他鄭重立誓。

艾多說，一旦他追上進度，讀到現今總統的傳記，他打算帶家人去度假，參觀歷屆卸任總統的圖書館。換言之，某項任務結束，便開始了另一項任務！（雖然我們在想，他的小孩會贊成這個主意嗎？）

分界線前的最後衝刺

下表是芝加哥大學的喬治・吳（George Wu）所繪製，列出九百萬名馬拉松跑者的完成時間，賽事在芝加哥或柏林舉行。你會看到大多數跑者在三個半小時至五小時內跑完全程。

此圖表的起伏相當劇烈，要特別注意幾條代表了時間「臨界值」的直線，分別是在四小時、四小時三十分、五小時，依此類推。若以這幾條時間線為基準，你會發現許多跑者會趕在臨界值之前跑完，而非之後。（滿四小時的分界線尤其明顯。）

這正是里程碑效應。因為無法忍受碼表上的數字超過四小時，快要虛脫的跑者在最後一哩路，會啟動了自身的後燃器衝刺。當然，里程碑其實毫無規則可言，畢竟三小時五十九分五十九秒和四小時之間差異不大。

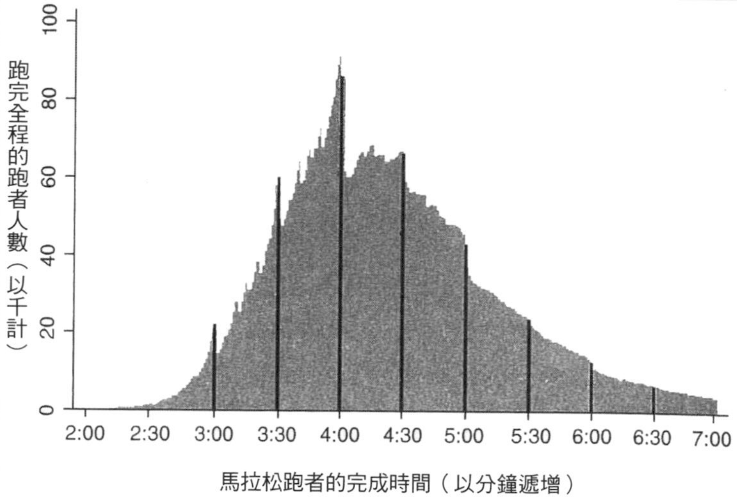

註：深色條塊凸顯了每半小時的時間臨界值到達前，那一分鐘抵達人數的密度

但跑者自然明白其間的差異，而我們也明瞭。（本書其中一名作者晚上有時會在房裡繞圈圈，以達成每日一萬步的目標。滿可笑，但是千真萬確。）

大家都愛里程碑。

這就指向最後一個論點，想達成里程碑的欲望，會激發了人們奮力一搏的力量。為了在四小時內完賽，你會衝刺跑完最後四分之一哩；為了達成當日一萬步的目標，就連在臥室裡你也要踱步。

身兼作家與電腦科學教授的卡爾．紐波特（Cal Newport），花了數年時間研究成功人士的習慣。「根據我的經驗，你會發現成功人士一貫的共通特質——非完成不可的執著。一旦某項計畫出現在他們眼前，他們念茲在茲只想把它做完。」

成功源自於想跑到終點的堅持，而里程碑驅使我們不放棄地再加把勁，因為一、它們就在前方不遠的地方，二、我們選擇了它們，正因為它們是值得奔赴的目標。是里程碑定義了這些「可以征服、也值得征服」的時刻。

一名童軍再三練習張弓射箭，好通過比試贏得箭術徽章；艾多好不容易讀完了菲爾莫爾的傳記，因為他知道接下來是林肯。他們一步一步地朝終點線邁進。

我們不再被遙不可及的終點線困住，因為我們創造了許多的里程碑，讓賽跑不再冗長，猶如沿途有許多條「終點線」，每當我們通過一條「終點線」，胸中便會升起一股自豪感，同時多了些力氣，能繼續朝下一關挺進。

第九章　鍛鍊勇氣

你無法製造「勇氣的時刻」，卻可以鍛鍊勇氣，以備不時之需。如此一來，當需要勇氣的那一刻來臨時，便可從容應對。

抗議種族歧視的黑人力量

一九六〇年二月十三日，由約翰・路易斯（John Lewis）、安琪拉・巴特勒（Angela Butler）與黛安・奈許（Diane Nash）帶頭的一群黑人學生，魚貫走進位於田納西州、納許維爾市區的幾間商店，在只准白人用餐的小餐館裡找位子坐下。這是納許維爾市頭一遭出現靜坐活動，目的是為了抗議種族隔離。

「這群學生穿得就像要上教堂那麼正式，」約翰・路易斯說，如今他是喬治亞州的資深國會代表，有次上《注視獎品》（*Eyes on the Prize*）接受訪問，這是美國公共廣播電視台為了探討美國民權運動所製作的紀錄片，此處擷取自訪談內容。「因為店裡不肯為我們服務。於是我們坐在小餐館裡讀書、寫功課，直到店經理下令關閉餐館不做生意了。」

「這是我們第一次靜坐，滿有趣的，女服務生一臉緊張，那天店裡摔破了好多盤子，大概值兩千美元。」黛安・奈許說，「我是說，那畫面簡直就像卡通一樣……她太緊張了，撿起盤子又摔掉一個，只好再撿，卻又掉在地上。」

這群學生全都溫文有禮，靜坐最終和平落幕；翌週的第二次靜坐也一樣。但到了二月二十七日，第三次靜坐時，衝突加劇了。好些聚集在店內的年輕白人開始起鬨，並且騷擾學生，有幾名示威學生被人從位子上拉下來毆打。警察抵達現場處理這起暴力事件，七十七名黑人學生因在外遊蕩和妨礙治安而被逮捕，但滿懷惡意的白人全都沒事。

約翰・路易斯和另外幾名學生拒繳五十美元罰鍰，寧可坐一個月的牢。

此時，學生們的父母得知子女被關進監獄大為驚駭，便呼籲黑人社群支持一個新觀念：對商業區裡實行種族隔離的商店進行杯葛。「我們不該默許這個亟須改變的制度，」學生社運分子里歐・禮納德說，「我們認為假如本市鬧區的商店全都沒人上門光顧，這群商店老闆將因收入銳減而手頭拮据，那麼市長及納許維爾的政治圈必定感受到壓力，自然就會改變法規和規定。」

接著在四月十九日清晨，為黑人學生辯護的律師Z・亞歷山大・路比（Z. Alexander Looby）家中遭人扔炸彈。這場爆炸威力極大，連位於對街、大學宿舍的一百四十七片窗玻璃都被震碎了。但路比和妻子睡在後方的臥室，奇蹟似地毫髮無傷。

暗殺的行動激怒了黑人社群。幾名黑人領袖組織了示威遊行，往市政廳出發。「聚集的人潮越來越多，於是我們開始遊行，學生們也從校內餐廳走出來，而不是躲在校園裡。」C・T・維維安（C. T. Vivian）牧師說道，「我們把傑弗遜大道擠得水洩不通……路上全是中午時分出來休息的員工，這些人從沒見過這種景象，四千人浩浩蕩蕩地走過大街，你只聽到他們的腳步聲，因為我們默默地前進。這群白人員工，不曉得該怎麼辦才好，於是退回牆邊，就那樣靠牆站著，光只是瞧，感覺上有一種恐懼、一股敬畏，完全不知如何是好。但他們明白這股意志是阻擋不了的，是不能隨便唬弄或拿來開玩笑的。」

維維安牧師和黛安・奈許站在市政廳的台階上，在越聚越多的大批群眾面前，當面質問市長班・韋斯特。奈許問道：「韋斯特市長，你覺得只因為一個人的種族或膚色就歧視他，是錯的吧？」韋斯特也認為這樣不對。

奈許接著繼續問：「難道小餐館不該取消種族隔離嗎？」

「應該。」韋斯特市長只得鬆口承認。

許多白人聽到市長的回應大為光火，但三星期後，小餐館紛紛取消種族隔離政策，有史以來第一次，黑人和白人一道用餐。納許維爾市的小餐館取消了種族隔離，為早期美國民權運動寫下成功的一頁。

這份勝利是建立在勇氣的根基上——是一群願意面對屈辱、傷害與下獄的學生鼓起勇氣抗爭，拒絕這種不公義的對待。對這群參與的學生來說，坐在小餐館裡是人生的關鍵時刻；而他們的努力結成了果實，為國家寫下決定性的一刻。

儘管這個故事耳熟能詳，許多人不知道的是，這群示威學生不光是展現勇氣而已，上陣前更曾經練習，預先排練。言及此，便得介紹詹姆斯・勞森（James Lawson）的故事，他是這場民權運動的卓越人物。

勞森是衛理公會的牧師，曾遠赴印度向甘地的幾位門徒學習非暴力抵抗的技巧。他搬到納許維爾後，便開始訓練人才，其中有不少人日後成為美國民權運動的領袖，包括約翰・路易斯和黛安・奈許在內。勞森堅信抵抗需要做足準備，曾說：「當你帶領二十五人上街示威，總不能大家各行其是。他們得遵守同樣的紀律。對我來說，這就是關鍵所在。提倡非暴力的人們及其所做的努力，有個嚴重的問題，那就是忽略了嚴格紀律和訓練有其必要性。」

勞森辦理工作坊，為抗議者提供訓練。「他告訴群眾，遇到層出不窮的緊急狀況要如何合宜應對；該怎麼避免犯下遊蕩罪；如何有秩序地分批走進／走出小餐館；學生離開座位去上廁所時，要怎麼遞補空位；甚至談到穿著打扮，女生套上長襪和高跟鞋，男生要穿大衣，繫領結。」歷史學者泰勒・布蘭奇（Taylor Branch）寫道。

但勞森不光是提供忠告，還堅持學生進行角色扮演模擬。他弄了個小餐館情境，是根據本市繁華地區的商店來設計，要求學生各自坐在高腳椅上。然後，一群白人——勞森的同夥走近，侵占這群學生的地盤，盯著他們瞧。這群男人針對學生的種族高聲謾罵，越靠越近，離學生的臉不到十公分距離，口吐侮辱言語。幾個男人還把菸灰彈在好幾名學生的頭髮上，把坐在高腳椅上的學生推到在地，對他們動粗，甚至動手扯衣服。

模擬攻擊雖說粗暴，卻非常重要。勞森想先幫學生打預防針，在該情境下如何克制抵抗的本能，按捺住反擊或逃跑的衝動。當約翰．路易斯和同伴在位於商業區的小餐館裡，各自找位子坐下時，大家都準備好了：守紀律、有禮貌、沉著鎮定。他們當然害怕，卻已經學會克制恐懼。誠如馬克．吐溫所言：「勇氣是抵抗恐懼，駕馭恐懼，而不是無視恐懼。」

能讓人不假思索的「勇氣訓練」

每當人們細數一生中最自豪的片刻，總是會先從心中最愛的時刻講起，例如結婚、小孩出世、孩子大學畢業。這些都是自然發生的關鍵時刻。

再者，人們也喜歡分享贏得成就的自豪時刻：戰勝障礙、贏取勝利、獲得成功。我們在前面兩章研究過創造更多自豪時刻的方式：首先，要表彰他人的成就；其次，在邁向目標的路途上，樹立更多里程碑。

這麼說來，我們為心中所愛之人感到驕傲，也因自身的成就而自豪。但有一件事忘了提：想想人們是如何敘述其他的自豪時刻？「我挺身維護某人。我無畏責難，堅守立場。我為了信念而戰。我絕不屈服。」這幾句話並非用來敘述「成就」，至少與證書或獎牌無關。

相較於本章節中其他的自豪時刻，展現勇氣的這一刻似乎更難被「創造」。畢竟我們可以決定是否要讚許某人。在什麼時候、用什麼方式設立更多里程碑，也是操之在己。但需要勇氣的時刻往往驟然而至，倏忽即逝，我們很可能措手不及，眼睜睜看著時機消失，過後才懊悔自己那時沒說出意見，或者做點什麼。

你無法製造「勇氣的時刻」。但大家會在本章中發現，人可以鍛鍊勇氣，以備不時之需，如此一來，在需要勇氣的那一刻來臨時，便可從容應付。

軍隊深諳這個道理。心理學家S・J・瑞奇曼（S. J. Rachman）在針對軍隊訓練的報告裡寫道：「這項稱之為『勇氣訓練』的訓練，能幫助人們培養意識，以執行救火或跳傘之類的危險任務。」

瑞奇曼曾經研究在北愛爾蘭交戰時，負責拆除簡易爆炸裝置的一群士兵。不消說這份工作很危險。從一九六九至一九八一年，共處理了三萬一千餘起事件，其中有十七名未爆彈處理組員在勤務中喪生。

瑞奇曼寫著，「反覆練習勇敢的作為」有助於減少恐懼，提升自信心。未爆彈處理小組的新人必須通過模擬戰地狀況的訓練計畫，這項計畫大幅提高了他們的信心。模擬訓練一經完成，他們表示已經有資深組員的八成信心。對於從未在戰場上拆解炸彈的人而言，這是相當大的信心！（他們的信心看來並非天真或過度樂觀，因為他們對任務危險性的評估跟經驗豐富的老鳥相近。）

這項訓練為何成效卓著？瑞奇曼表示：「這類訓練有一項要素似乎尤為可貴，即根據日後可能遇到的危險任務，按照難易度，逐步練習。」

這項要素——「按照難易度，逐步練習」——正是暴露療法的重點。暴露療法是降低恐懼症（毫無道理的害怕）的有效手段。傑森・密施卡斯基（Jayson Mystkowski）曾主持一項研究，由研究人員對極端害怕蜘蛛的人實施暴露療法。剛開始時，受試者被要求盡可能靠近玻璃缸中的狼蛛，但平均在十呎外止步。

他們在實驗過程中依循十四個步驟，逐步訓練勇氣。研究人員會示範每一個步驟，等受試者做好心理準備，再跟著照做一次。以下稍舉數例：

第一步：在離玻璃缸中的狼蛛五呎處站定。

第三步：掌心貼在內有狼蛛的密閉器皿上。

第七步：揮動小支畫筆引狼蛛做動作，共五次。

第九步：讓狼蛛在戴著手套的手上爬行。

請注意，這是一項漸進的計畫，每一步均被視為值得讚美的一刻。（說來你不信，我今天有觸碰到狼蛛。當然是用畫筆，但是也算啊！）

一長串過程在第十四個步驟來到了高潮：讓狼蛛在受試者光裸的手上爬行。猜猜看，你認為這群患有蜘蛛恐懼症的人要到達第十四個步驟，得花上多久時間？也就是主動伸出手來，讓毛茸茸的大狼蛛在掌心緩緩爬行？數週？幾個月？

兩小時就行了。平均只花這麼短的時間，而且令人詫異的是，受試者全都辦到了。這些人前不久還得離玻璃缸十呎以上！更令人驚嘆的是，半年後他們仍然敢碰觸蜘蛛。「接受治療前，有些受試者不敢在草地上行走，唯恐碰到蜘蛛。或是當他知道屋內有蜘蛛，接連好幾天都不敢踏進家中或宿舍房間一步。」第一作者凱薩琳娜・豪納（Katherina Hauner）說。

我們也能在生活中複製「暴露療法」。比方有個小孩就算碰到和善的狗狗也會渾身緊張，父母便試著拿話哄他：「你瞧那隻米格魯在做什麼，看起來好萌喔……你想看牠咬玩具嗎……牠現在坐下來了，你想不想拍拍牠毛茸茸的背呀……牠喜歡吃小點心，要不要分牠一個啊？」這個小孩很快就多一個好朋友了。

控制恐懼（這是暴露療法的目標）是勇氣不可或缺的部分。美國民權運動示威者和未爆彈處理人員必定都能夠控制心中的畏懼，才能圓滿達成任務。但勇氣不光是壓抑恐懼而已，還得知道當下該採取何種行為。

回想一下勞森給那群學生下達的指令，包括「該怎麼避免犯下遊蕩罪；如何有秩序地分批走進／走出小餐館；學生離開座位去上廁所時，如何遞補空位」，諸如此類。他的工作坊不僅僅幫助人在心理上變得更堅強，也少不了排練，每位學員都得預想一旦遇到某些狀況，該做何回應？在某種程度上，他們預先載入某種反應，當面臨那一刻，便能不經思索、迅速行動。

心理學家彼得・高維查（Peter Gollwitzer）研究過「預載反應」如何影響了人類行為。據他的研究，當人們預先做出心理承諾——假如某事（X）發生了，我要怎麼做（Y）——會更有可能採取符合目標的行動，遠勝於那些欠缺心理計畫的人。舉個例子，某人承諾要少喝酒，不妨表明決心說：「以後只要服務生問我要不要續杯，我就跟他要氣泡水。」此人不再喝第二杯酒的可能性，遠遠高於有同樣目標、卻沒有預先計畫的人。

高維查把這類計畫叫做「實踐意圖」，而且要執行計畫不難，多半只要確定時間和地點就可以。比方說，我今天下班後，要直接開車去健身房。成功率高得驚人。只要設定實踐目標，準時交出某份報告的學生人數就會多出一倍；在某個月做乳房自我檢測的女性人數也增加一倍；而做完髖關節／膝關節置換術（許多其他手術也一樣）的病人，康復期也將縮短了一半。由此可見，預載反應的確有效果。

組織中往往欠缺這種預載，以因應需要勇氣的狀況。一名同事或客戶貶低某人、講下流話、甚至提出不道德的意見，而我們往往因為太過震驚，反而什麼也沒做。十分鐘後，我們暗罵自己毫無作為錯失了申訴抗議的機會。

這些溜掉的機會使得詹玫玲博士（Mary C. Gentile）重新思考學校的倫理課程。詹博士任教於維吉尼亞大學達頓商學院，深知倫理教育只是為了回答一個問題：「做什麼事才正確？」。但人們泰半知道正確的做法是什麼，難的是「採取行動」。

「我們可以想出許多不易辦到的藉口，」詹玫玲表示，「覺得勢單力孤；懷疑自己是否太天真；猜想消息有誤（或暗自希望是誤傳）；不確定主管聽不聽得進去；我們預期一旦提出這個問題，會碰一鼻子灰，到時不曉得要說什麼；我們還擔心如果不表現出團隊精神，可能會遭受排擠，甚至更糟。」

因此她認為，倫理教育的重心不該放在「正確的做法是什麼？」而在於「我該如何做正確的事？」她開設一門名為「表達價值觀」（Giving Voice to Values）的課程，已有一千餘所學校與機構上過這門課。

她的策略重點是練習。你發現某些情況有違職業道德，預期對方可能提出哪些看似合理的辯解，寫下自己可以採取的回應或舉動。最後，和同儕一塊實際演練。

企業領袖若想灌輸合乎職業道德的企業文化給下屬，而不只是夸夸空談「價值聲明」，必能從詹博士的策略獲得靈感，把練習當成優先事項。因為導致不道德行為的情況並不難預測：一味施壓要求結果，再加上睜一隻眼、閉一隻眼的管理方式，便會出現偷工減料甚至欺詐（想想銀行界的醜聞）。責任歸屬的界線模糊，加上緊急趕工，很容易出意外（想想大規模漏油造成的浩劫）。主管的偏見、頑固或性別歧視，在過度寬容的環境裡扎根，必定會出現不當情事。

這些並非少數特例，極有可能發生，但卻能夠經由預測和練習來加以克服。

「就好像運動員反覆練習動作，確保記憶已經被牢牢印刻在人體肌肉裡。所以重點是，要把為自己理念發聲這件事，當作預設值。」詹玫玲說。

勇氣也會傳染

美國葉史瓦大學的神學院學生正和一群演員進行角色扮演，設想日後當上猶太教拉比、面對教會會眾可能遇到的棘手狀況。據保羅・范提洛在《紐約時報》上的報導，他們設定的劇本往往情境複雜，同時帶有強烈情緒，例如和想自殺的青少年聊天，安慰深覺老年毫無尊嚴、飽受忽略的老嫗，給童年遭受性侵害的被害人忠告，或在訪視某個猶太教堂時，告訴一個男人他太太因動脈瘤破裂死了。

上述的最後一個情境交由二十四歲的學生班傑明・胡本負責。范提洛是這樣描述這一場戲的：「為了演好這一幕，胡本在教室外站了一會兒，試著揣摩死亡的感覺。他走進教室，臉上滿是哀戚神色，只盼無聲傳達出正要說的話。但對戲的演員不肯讓他輕鬆過關，他還等著被告知，接著用胡本口中的『厲害技巧』演出崩潰的模樣。胡本光是重述這一幕，臉就忍不住垮掉……他說自己從這場戲裡學到很多，你對人們說出真相，但他們可能不相信。這個打擊太大，他們可能需要一段時間來慢慢消化，但往往之後只會變得更糟。」

起初練習沒請演員加入角色扮演，而是由學生們互相穿插演出。但有個問題：「不夠真實，」身兼猶太「拉比」和神學院院長一職的梅納罕・潘訥表示，「雖然有教育性，但實驗性不足。從書上讀到的知識，和親身實踐的體驗不一樣。而演員能創造出一定程度的張力，讓角色扮演的練習更具價值。」

訓練更勇敢的重點是確保將來面對類似情事時，能展現必要的勇氣。納許維爾市學生的排演中，勞森召來幫凶對這群抗議學生咒罵、嘲弄、推搡。而「拉比」潘訥的神學院學生則面對一群哭喊、甚至情緒崩潰的專業演員。即便學生們的內心深處知道這不是「真的」，但那一刻卻無比真實。

學生練習過充滿憂慮、必須小心處理的對話後，自信心油然而生。「我們發現，學生只要有練習，就算只練一次，一旦真的碰到類似情況，也會顯得平靜許多，態度從容。」潘訥說。在這種痛苦的情況下給人忠告，需要有勇氣，而這份勇氣將透過練習而增強。

大部分公司不會叫員工處理這種重大狀況，但人難免碰到非溝通不可的壞狀況。你如何挺身面對專橫的主管？你要怎麼對重要的客戶說「不」？你該如何開除某個員工，即使明知他不會善罷甘休？若公司不再需要某個忠心耿耿的員工，你要怎麼解雇他？每個產業都會出現令人情緒激動的情況，雖然原因各不相同：機場櫃台人員必須幫助因遲到一分半鐘、錯過轉機航班而氣急敗壞的旅客；老師必須告訴家長，孩子不守規矩；理財專員必須告知年邁的寡婦，由於股價盤整，她損失了五分之一的積蓄。

焦慮會在艱難時刻蒙蔽人的心智，而練習能平息心中的焦慮。若我們欠缺練習，再好的意圖也會消退。以美國的反毒教育（Drug Abuse Resistance Education, D. A. R. E.）為例。這項計畫始於一九八三年，邀請警官走進校園宣導毒品的害處，鼓勵學生在生活中絕對不碰毒品。這是立意可嘉的方式，而且是被美國最廣泛採行的毒品防制計畫，但好幾項研究皆證明它根本無效。一項後設分析發現，加入D. A. R. E. 計畫的青少年，跟沒加入的同儕一樣可能吸毒。

D. A. R. E.為何無效？這項計畫的缺失可在皮姆・屈伯斯（Pim Cuijpers）的研究中窺見端倪。屈伯斯探究某些反毒計畫何以成功，結論很簡單：採用互動方式的計畫有助於減少吸毒，未採此方式的計畫則無效。

也就是說，學生若想抵抗毒品的誘惑，得有機會鍛鍊拒絕的勇氣。知道什麼是該做的事並不難，難就難在著手去做。十六歲的孩子參加派對，難免會有人用酒或大麻引誘他。假如他們從未排練當下的做法或應對之詞，原先的決心就有可能動搖。

青少年不明白的是，一旦他們拒絕吸毒或喝酒，其他人便容易起而仿效。勇敢的行為有助於增進其他人的決心。有一位高階主管舉例說明，他如何在公司運用這種觀點：「每回開會，我都會先安插一名臥底，負責提出某個困難的問題。」他說道，「就我們所知，都是那種大家私下會爭相詢問、討論，卻不敢真正向管理階層提出來的問題。我這麼做是為了『率先打破沉默』，讓大家知道儘管談無妨。」他的確有理由擔心人們會保持緘默，因為某項研究發現百分之八十五的員工覺得「無法向主管提出問題或擔心的事，即使他們覺得這個問題很重要。」

他安排同夥提出難以開口的問題，這種解決方式獲得充分的證據支持。查爾蘭・納梅（Charlan Nemeth）與辛西亞・喬爾思（Cynthia Chiles）曾主持某項重大研究，證明了勇敢的行為是環環相扣的。假設你有參與該項研究，和另外三人組成一個小組，研究人員讓你們看二十張投影片。每放完一張投影片，他便停下來問每一個人剛才這張是什麼顏色？這項任務很簡單，所有的投影片都是藍色，你們四人被問了二十次，一律回答是「藍色」。

然後，小組解散，你被分到新的小組。任務相同。不過，這次第一張投影片是紅色。奇怪的是，另外三名組員都說它是「橘色」。你要怎麼形容它？看起來是紅色沒錯，但有沒有可能是你錯了？同樣情況又發生了十九次，其他組員都回答是「橘色」，而且你每回都必須在眾目睽睽之下講出答案。

你置身於這種情況依舊堅定不移——或許你真的可以——但這下你變成了少數，因為大多數的受試者都妥協了。據統計，他們在二十張投影片裡面，平均其中十四張會附和是「橘色」，服從大多數的錯誤看法。（你大概已經猜到，另外三名說紅色投影片是「橘色」的組員是研究團隊的「臥底」。）

另一組受試者也按上述順序完成了試驗，但有一個重大分野：這次，研究者也在第一組（觀看藍色投影片）中安排了一個臥底，按照指示說藍色投影片統統是「綠色」。姑且叫他「犯錯的勇敢傢伙」吧。另外三位正常的受試者聽到他這種有如色盲的回答，大概會覺得困惑，但他們要堅守立場滿容易的，看到藍色投影片便說是「藍色」。

第二組出現了驚人的變化。受試者觀看了紅色的投影片，如同前面所述，三名同夥從頭到尾都說是「橘色」。然而這一次，受試者不輕易妥協！他們違逆多數人的意見，在二十張投影片中，平均認定十七張是紅色。

請注意，即使他們從未訓練過勇氣，卻仍舊勇敢。他們只是親眼見到——有個「犯錯卻勇敢的傢伙」為自己辯護，儘管他說錯了顏色。但這種表達異議的舉動，無形中強化了其他受試者的決心。如同研究人員所寫：「看到力排眾議的行為，就算那個觀點本身並不正確，也會促成了獨立的海嘯。」

就這個例子而言，壞消息是我們的本性是屈從於多數人的意見。如果大家都說紅色卡片是橘色，我們會以為自己一定搞錯了，也跟著說它是橘色。

好消息是，只要有一個人敢挺身違抗大多數人，我們也會變得勇敢。我們不再孤單，也沒有失去神智，而且我們覺得大可把紅色說出來。

簡言之，勇氣是會傳染的。從具有歷史意義的抗議活動，乃至日常行為；從美國民權運動，乃至某個員工提出難以回答的問題，在在告訴我們一個道理：要展現勇氣是很難，但是透過練習，會變得比較容易。一旦你挺身而出，其他人便會加入。

不妨這麼想：你展現勇氣的一刻，或許正是他人的關鍵時刻——讓他們知道紅就是紅，錯便是錯；假如我們一起並肩對抗，錯誤也可以導正過來。

榮耀的時刻

一、為人們的成就表示慶賀，便是自豪時刻。我們鼓起胸膛，下巴抬得高高的。

二、有三種實用的原則可用來創造更多的榮耀時刻：(1)表揚他人的成就，(2)創造更多里程碑，(3)鍛鍊勇氣。第一種原則是為他人創造關鍵性的一刻，後面兩種則是為自己創造關鍵時刻。

三、我們非常吝於表彰別人。

【實例】研究者卡洛琳・懷利指出，有八成的主管聲稱自己經常表達感激，但同意這種說法的下屬不到兩成。

四、有效的讚揚是針對個人，而非一切照程序來。（「本月最佳員工獎」不管用。）

【實例】禮來公司的瑞辛格贈送不同的獎賞給不同的員工（例如：博士音響的耳機），用這種方式告訴團隊成員，你所做的一切我看到了，並且覺得感激。

五、讚賞的特色是不成比例：一份微小的努力，對接收者而言卻是豐厚的獎賞。

【實例】中學生凱拉・史露普聽到音樂老師說她的嗓音很美，人生就此改變。

六、若想為自己創造自豪的時刻，應該設立更多有意義的里程碑，亦即在漫長的旅途上，劃下許多條「終點線」。

【實例】作家康姆規劃出「升級」的攻略。比如「學會拉《魔戒現身》裡的〈關於哈比人〉那首曲子」是練習小提琴的其中一個階段，長此以往，琴藝會日益純熟。

七、我們也可以讓一向乏人注意的里程碑浮上表面。

【實例】假如青少年運動聯賽的成員，都拿到一支「參加前VS.參加後」的影片，了解自己的進步，將會如何？

【實例】數字是組織的目標，並可用來釐清責任，原本無可厚非。但聰明的主管會在邁向目標的路上，樹立更多激勵人心的里程碑。

八、我們展現勇氣的那一刻，會感到自豪。儘管我們無法預知何時必須鼓起勇氣，卻可以先練習，確保自己臨危不亂。

【實例】在納許維爾市的小餐館內靜坐抗議的那群學生，不光是展現勇氣，還事先排練過。

九、鍛鍊勇氣使我們得以「預載」自身的反應。

【實例】詹玫玲博士思索倫理學的意涵，認為我們大多知道什麼是對的，只是不曉得如何採取行動。

十、勇氣是會傳染的，而我們採取行動的那一刻，可能變成其他人的關鍵時刻。

〔案例4〕主管突然發現自己是混蛋

狀況

某間公司的財務長，姑且叫他馬克，剛看完「三百六十度評鑑」的意見，上頭普遍反應不佳。

馬克知道公司裡的人不喜歡他。他自詡是實話實說型的主管，總是說：「領導不是為了比誰更受歡迎。」即使如此，他看到這些回饋意見還是嚇了一跳。在員工的眼中，他不是正經嚴肅的主管，而是不折不扣的混蛋。他們說，他很少傾聽，常打斷別人的話，只顧著加入自己的觀點。他對別人的意見嗤之以鼻，從不道歉或承認錯誤。其中一句尤其刺痛了他的心：「目前的高層主管裡面，只有馬克毫無希望當上執行長，原因很簡單，執行長的職責最為重大，但沒人想追隨馬克。」

渴望的結果

馬克在剎那間發現了真相。（「三百六十度評鑑」的回饋意見提供了：(1)清晰的觀點、(2)極為短暫的時間、(3)由觀眾自行發現真相，而此處的觀眾正是他自己。）一開始讀這些意見時，他覺得：「這只是心懷嫉妒的同事在說酸話罷了。」但讀到最後，這層防禦心理崩塌了。他明白同僚說得沒錯。他一直以來的作為就像個混蛋。而且他也發現到，不論是在這家公司或其他地方，他都無望問鼎執行長寶座，除非先改善自己的過失。所以他要改變。但是，怎麼改？

我們如何創造出關鍵時刻？

何謂關鍵時刻？這裡少了自然出現的決定性時刻，一部分的問題正在於此。據知名的高階主管教練馬歇爾．葛史密斯（Marshall Goldsmith）表示，他有一些客戶的確改善了壞行為，卻沒人注意到！他們的混蛋形象已經深植在同僚的心中。葛史密斯想到一個法子，勸這些客戶召開會議，在會議上向與會同事道歉，保證自己會改過，請大家助他一臂之力。馬克聽從葛史密斯的勸告，安排了一場會議，一五一十地照做。這是關鍵性的一刻，標誌著「舊我」已經變成了「新我」。

一、加入「提升」：

馬克的會議並非顛峰時刻：幾乎不太有正面情緒。然而，這場會議赤裸裸的懺悔本質，(1)提高了賭注、(2)顛覆了腳本，正符合創造提升時刻的其中兩項特質。

二、加入「洞察」：

● **瞬間發現真相：**主要的洞察時刻是在馬克收到「三百六十度評鑑」時。這也是第一個關鍵時刻，導致了第二個關鍵時刻（會議）。

- **離開舒適圈，獲得洞察力：**這次會議的重點是「馬克保證會改頭換面」。於他而言，這算是冒險——他雖想改，卻不確定是否能夠辦到（坦白說，同事也都不免懷疑）。但無論他是否成功，此舉過後，都會更加了解自己。

三、加入「榮耀」：

- **馬克應該對這場會議感到自豪：**要為自身的惡劣行為負起責任，是需要勇氣的。會議結束後，他便可開始為日後的自豪時刻奠定基礎。
- **訓練勇氣：**馬克在尋求同事協助的時候，便知道他們很難對他明說，畢竟混蛋二字很難當著面喊。想像馬克提供另一種批評的說法給同事：「今天請大家出席，是因為我打算從這一刻起，不再表現得像以前的馬克一樣——那個不肯聽人說話的混蛋——而開始成為新的馬克。我會竭盡所能，但要是你們看到我重蹈覆轍，請當場告訴我，我會非常感謝。」這種說法為何有幫助？回想一下詹玫玲博士關於道德難題的研究。她的論點是：展現勇氣的困難之處不在於「知道該做什麼事」，而在於「知道如何回應」。正因如此，預載自身的反應的確有幫助，一旦事情發生，我們已經做好準備。他運用「以前的馬克／新的馬克」這套說詞，幫助同事先預載面對他重蹈覆轍時的反應。向提出這個點子的塔莎・歐里希脫帽致敬吧。

●**建立更多的里程碑：**試想馬克訂定一個目標：連續出席十場會議，期間不打斷任何人說話，同時要求同事們監督他。這麼做或許可以為原本令人憂心的情況增添一些趣味。假如他達成了目標，便是值得慶祝的一刻。

四、加入「連結」：

●**使連結更深刻：**馬克召開這種會議，充分暴露了個人的脆弱，而這是通往親密的先決條件。同事們見到他卸下防衛，這才發覺他只是一個有缺點的人，而非十足十的混蛋。

●**創造共享的意義：**這次會議提供了同步的一刻，所有同僚都在場見證。它凸顯了分界點，也讓馬克的承諾更顯嚴肅。

最後總結

此處的重點是，不受歡迎的領袖必須創造某個時刻。如同葛史密斯所說，即使這名主管成功改變了行為模式，仍無法解決人際問題，因為同事可能沒注意到。因此有必要創造某個時刻，好讓這一刻變成重新設定的分界點。

引言

何謂「連結」的時刻？

我們迄今已經遇到了許多關鍵時刻，想想高四生簽約日、翻轉婚禮的儀式、人性的審判、納許維爾小餐館的靜坐示威、「社區主導全面衛生」阻止隨地便溺的干預手法，以及強鹿公司的「到職日體驗」。如你所見，這些時刻充滿了提升、洞察與榮耀，但它們也是社交的時刻。因為有其他人在場參與，這些時刻變得更加令人難忘。

連結的時刻能使人際關係變得更緊密，例如你才認識某人不過短短一天的時間，卻已經能把內心深藏的某些祕密告訴了他；你和其他人一起承受了痛苦的考驗，建立起堅不可摧的關係；你的婚姻一向坎坷，直到某天另一半做了一件非常貼心的事，讓你再也不想愛上別人。然而，並非所有的社交時刻都是關鍵時刻。想想你上次在小組會議時所看到的簡報，我們推測，那大概不是產生連結的好時機。這麼說來，到底什麼樣的時刻能夠鞏固人際關係？我們該如何創造更多這樣的片刻？

我們得先檢視群體關係，像是組織中的團隊想要重新發現目的、教眾參加神聖的儀式、一群朋友開懷大笑。（讀完下一章，你對笑的概念一定會改變。）群體成員之所以變得親密，是因為某些時刻創造出彼此共享的意義（見第十章）。

接著，我們會在第十一章探討私人關係。有位心理學家表示，無論是丈夫和妻子、公司和客戶、教師和家長，抑或醫生與病人之間的關係，若想成功都需要「獨家秘方」。這位心理學家的著作也在討論之列。我們還會舉出一個神奇又難以想像的狀況做例子，兩名陌生人在四十五分鐘內結為莫逆之交，只因按照精心安排的一連串問題（你可以自行下載題目練習看看）。

最後，在全書的最末章節，我們將研究讓你我能產生緊密連結的難忘時刻。

第十章　創造共享的意義

熱情是個人主義，雖可讓我們活力充沛，卻也使我們孤立，因為我的熱情不是你的。反之，一個有挑戰性的目的卻可由眾人共享，上下團結一心。

讓群體團結的關鍵時刻

一九九八年，索妮亞・羅茲陪同逐漸康復的父親離開醫院，他因為嚴重胃出血而在醫院治療了八天。索妮亞非常感激救了父親一命的醫護人員，然而，父親待在醫院裡的經驗使她相當不安。

他跟另一個陌生人合住一間狹窄的病房，醫護人員輪流進出病房，卻常常沒表明自己的身分。「那人是醫生、還是護士，抑或是醫院的供膳員？還是換床單的人？你無從得知。」她說。這些人極少介紹自己，更加不會解釋自己在做什麼。

住院靜養期間，她父親遇到了一次理應能預防卻意外發生的跌倒事件。儘管他才剛輸了兩千毫升的血液，頭昏眼花，院內人員仍要求他站起來。羅茲陪在父親身邊，原本只是想在住院期間給他安慰，卻反而變成保護他的安危。她說：「我覺得自己身為家屬，必須在那裡守護他，搞清楚每一次進病房的人是誰。你是哪位？手上拿的是什麼？」

醫院護理人員和病人之間的互動，似乎都欠缺基本的關懷。羅茲說：「他們對待我爸的方式，好像他只是個虛弱的老頭……我很想告訴他們，他不只是物理學家，還經營一間製造人造衛星的公司！」

這次經驗帶給羅茲極大的震撼，不光因為她是病患的女兒，也因為她是夏波醫療保健公司（Sharp HealthCare）的主管，她父親接受治療的這間醫院也由夏波管理。夏波推出的廣告大力宣揚值得病人期待的護理品質。事實上，廣告上那支供病人詢問醫療問題的電話號碼，便是由她的小組成員負責接聽。在她親眼看到父親的經驗之後，她心想：身為夏波的一分子，我們真的像自己所標榜的那樣嗎？

她開始積極提倡改善病人的經驗——這裡所指的並非醫療品質，那屬於另一個頂尖團隊的負責範疇，我們指的是服務方面的體驗。她明白，一旦決心這麼做，將會重新定義並改變她日後的職涯規劃。

她花了一年時間努力說服公司接受她的想法，最後總算得以和執行長麥可・墨菲（Michael Murphy）會面商議。儘管墨菲大部分時間都在管理公司的財務，但他憑直覺知道羅茲是對的，決定大刀闊斧進行改革。墨菲派給團隊一項艱鉅的任務，要盡全力學會能提供國際水準的醫療服務。

從二〇〇〇年秋天起，約莫有八個月左右的時間，包括墨菲和羅茲在內的一群中高階主管一道去旅行，接連造訪了服務業裡的各個佼佼者，像是麗思卡爾頓酒店、迪士尼、奇異公司與美國西南航空。他們找史圖德集團（Studer Group，企管顧問公司）諮詢，並請教約瑟夫・派恩與詹姆斯・吉爾摩的意見，兩人過去曾聯手寫出了別出心裁的《體驗經濟時代》（*The Experience Economy*）一書。

他們訝異地發現，每一次訪問都導向同一個結論：你必須先讓員工在職務上有絕佳的體驗，才有辦法提供一流的病患體驗。而夏波的「員工向心力」比不上麗思酒店、西南航空之類的公司。

墨菲和高階主管們一開始只鎖定病人為研究對象，現在他們擴大了任務範圍，並且為夏波擬定一份新的願景聲明：

（夏波的願景）是為了改變醫療保健的體驗，並且使夏波成為：

＊員工上班的理想環境

＊醫師執業的理想環境

＊病人接受照護的理想環境

＊最後成為全世界最棒的醫療保健體系

他們稱這個願景為「夏波經驗」。他們該如何讓底下的人認真面對這個願景，而非當成曇花一現的管理計畫？他們原先打算由墨菲帶領一群高階主管，親自去每一間夏波管理的醫療院所，實地推廣這個新願景。但他們明白這麼做得花上一年的時間。「況且等我們來到第三十間醫院時，第一間已經不再相信我們了。」羅茲說道。

然後有人建議，我們為什麼不讓大夥兒聚在一起呢？

聽起來滿荒謬。夏波公司有一萬兩千名員工，聖地牙哥沒有能容納得了這麼多人的會議室。況且儘管是為了討論改善照顧病患的事宜，他們也不能暫緩處理病患的急診。

夏波高層繼續商討，於是答案逐漸浮現：花兩天的時間召開三次討論會，這樣聖地牙哥的會議中心就不會人擠人，同時還能維持各醫療單位的主要人力，確保不會耽誤病人的時間，只是這麼一來，要動員的人力物力就相當驚人。不說別的，他們必須先將聖地牙哥的出租公車統統訂下來。（事實上，他們最後從洛杉磯、甚至遠從亞利桑那州，調度公車過來。）

二〇〇一年十月十日，夏波醫療保健公司召開了全體員工大會。走道上擠滿了員工，有的人搭公車來，也有些人搭乘有軌電車、火車或船隻抵達會場。墨菲在後台緊張地來回踱步。「我不是那種喜歡上台露臉的人，」他說。但當他一站上台，便對大家直言眼前的挑戰。

「一段新的旅程需要勇氣，」他說，「我們正在策劃不同的路線，因為我們相信若要成為業界第一，就必須這麼做。」他敦促大家重燃熱情和使命感，找回當初選擇醫療保健行業的初衷。最重要的是，他向大夥兒下戰帖，要他們採取行動，勇於任事，積極完成手上的任務，他接著道：「假如我們能夠簡化流程，把四個步驟減為一個，就這麼辦！假如員工有很棒的主意，可以把某件事做得更好，就聽他們怎麼說！假如有病人抱怨某事，就優先解決它！」

墨菲跟大家分享「夏波經驗」的願景，就是創造最適合員工上班、醫師執業、病患接受照護的理想環境，最終目標「成為全世界最棒的醫療保健體系」。有些員工嘲笑他言詞狂妄，但這番話無疑引發了共鳴。「我們已經習慣在星期五下午收到電子郵件，被告知某項訊息。」凱西・羅汀說，她是參加員工大會的護士。但如今墨菲卻說：「『這是我們的願景，我們希望你加入這個願景，能夠到達我們想去的地方。』這是非常不同的想法，促成了大家的團結。」

演說結束後，會眾被告知有一百個「行動小組」在徵求義工，包括員工滿意度、病患滿意度、獎賞與讚美各方面的小組，大家可以擇一參加。迴響異常熱烈，有一千六百人自願參加，答應承擔額外的工作，以示支持這項任務。

「我們完成第一場活動時，」羅茲說，「許多人哭了，互相擁抱或擊掌慶賀……就連愛唱反調的人也眼中泛淚。」一名原本懷疑這麼做有何價值的高階主管，後來對她說，我們應該每一季都辦這個大會。

他們真的決定翌年再召開一次全體員工大會，然後是第三屆。如今已經變成了每年一次的珍貴傳統。

這場集會在夏波公司掀起了大變化。行動小組的勢頭威猛，第一線單位幾乎立刻出現變化。從測量系統、政策，乃至於各種習慣，統統改變了。病患經驗也因而變得不同，夏波的員工找到了提供一流服務的方式。

園藝造景的工人注意到有些病人沒有訪客，也沒收到鮮花。他們便修剪玫瑰，將盛開的玫瑰花插在小花瓶裡，走進病房內逐一分送（他們稱這項計畫為「給你一朵小花」。）醫院也訓練護理人員要主動和病人打招呼，先自我介紹，說明職責——這就解決了羅茲在父親住院時深感挫折的問題。在夏波的科羅納多醫院，快要出院的病人將拿到一條「用愛烘焙」的香蕉蛋糕。許多病人返家後會收到照護人員的手寫卡片，上頭寫著感謝有此機會照料他們，對於醫院的用心，病人莫不感到訝異。

第一屆全體員工大會之後的五年間，夏波體系醫院的病房病人滿意度得分，在全美百分比排名急速攀升，從百分之十幾上升至九十多。醫師滿意度升到百分之八十，員工滿意度上升了百分之十三，而離職率下降了百分之十四。淨收益增加了五億美元。二〇〇七年，夏波公司獲頒美國國家品質獎（Malcolm Baldrige National Quality Award），那是由總統親授的至高榮譽，表揚卓越的品質與成果。[12]

這種轉變是一夕之間出現於會議中心嗎？不太可能。那是數千人經過多年努力才促成的改變，但首次的關鍵時刻正是那場全體員工大會。

它有一個特色，迥異於我們迄今遇到的時刻。在上一節，我們看到當你展現自身的獨特，便迎來了自豪的一刻，因為成就或在關鍵時刻表現出勇敢，才會深覺自己的與眾不同。但以團體來說，當我們創造「共享」的意義時，關鍵的一刻才出現——這裡要強調的是，讓我們團結在一起的是任務，而非個別的差異，換句話說，我們因任務而感到團結一致。

該如何規劃才能讓群體產生團結的時刻？夏波的領導高層運用了三種策略：醞釀同步的一刻，讓大夥兒一塊奮鬥，與意義產生連結。我們將檢視這三種策略，探討如何將它們運用在宗教信徒、救生員或工友等群體上。

策略一：醞釀同步的一刻

回想你上次和眾人一起笑的情景。你為什麼笑？答案很明顯，是因為某人說了好笑的話。

其實這個眾所周知的答案，大部分時候是錯的。學者羅伯特・普羅文（Robert Provine）和三名助理在大學校園和市區的人行道上到處閒逛，偷聽旁人說話。一旦有人笑出來，他們便記下笑聲之前所說的話。

普羅文發現引起笑聲的話語，僅不到百分之二十勉強含有一絲幽默成分。這些笑聲迥異於我們聽到脫口秀演員講笑話時，所發出的歡笑聲。它們僅是為了回應「乏味的言詞」，例如：「喏，安德烈來了」、「你確定嗎？」或「我也很高興見到你」。就連他們記錄下來最好笑的話，你大概也笑不出來。最有代表性的兩句是：「你不必喝，只要替我們買飲料就好」以及「你只跟同一個物種約會嗎？」

所以我們為何發笑？普羅文發現，社交場合極常出現笑聲，比私底下多出三十倍。所以，笑是社交反應。「發笑和幽默並無相關，而是為了人際關係。」普羅文做出結論。我們之所以笑，是為了凝聚群體。我們的笑聲是在表示「我和你在一起，我們是同一群人」。

我們置身於群體時，會不斷評估群體內部的反應和感受。每一個眼神、每一句話，無非是社交上的聲波探測，你還在那兒嗎？你有聽見我聽到的話嗎？你的反應和我一樣嗎？在團體中，笑也是一種發送正面信號的方式，表示我們彼此的反應正在同步化。

這種「同步」效果說明了為何召開夏波全體員工大會非常重要，每個人在相同時刻聚在一起（大家盡可能同時出席，雖然有些人仍得照料病患）。「這種組織的大規模活動，永遠無法用一份備忘錄來替代，」索妮亞．羅茲說。「當四千名醫護人員坐在觀眾席上，這些人每天起床就是為了照護民眾的健康，治癒他們的生命，此刻卻齊聚一堂，這種力量很強大，非常具有感染力……讓人渾身汗毛都豎了起來。這是一種共享的經驗。」

參加員工大會的職員接收到一些重大訊息，包括：這件事很重要。（領導高層不可能為了尋常瑣事，租下本市的每一輛公車。）這是真的。（有四千人聽到他們說的話，他們無從反悔。）我們共同面對一切。（我看到身旁有好多人，大家都是隊友。）而且我們正在做重要的事。（我們獻身於一個目的——照料需要幫助的人——這個意義大過於我們任何一個人。）

人生有多少個顛峰時刻，就像夏波大會一樣，是共享的社交時刻，婚禮、生日派對、退休歡送會、受浸、節慶、畢業、成人儀式、音樂會、競賽等等。或者想想政治集會或遊行，這些活動在在證明我們渴望人與人的接觸，即使對象是陌生人，一起群聚占領街道，就像是在說：這件事很重要，這是真的，我們共同面對一切，而且我們正在做重要的事。

組織內一定有反對同步時刻的「理性」聲音，挑剔大家聚在一起所費不貲，而且太複雜，他們說：「不能乾脆在網路上舉行線上研討會嗎？或者透過電子郵件寄重點資料就好？」（還記得夏波的護士說：「我們已經習慣在星期五下午收到一封電子郵件，被告知某項訊息。」）

利用遠距工作來進行日常溝通或合作，當然沒問題。但重大的關鍵時刻就是要親自到場分享。（畢竟沒人會致電婚禮或畢業典禮。）由於其他人在場，抽象的想法會轉變成了社會現實。

策略二：讓大夥兒一塊奮鬥

人類學家狄米崔．賽格拉陀斯（Dimitris Xygallatas）進行一場研究，主題是比較模里西斯島民為了印度「大寶森節」舉行的兩項儀式。在「較不痛苦」的溫和儀式中，信徒在印度廟宇的內外一連禱告、誦經數小時。而在「相當痛苦」的儀式中，信徒得忍受「身體被好幾根針或叉子刺穿之苦，揹著沉甸甸的竹編之物，同時拖曳小車前行（小車另一端以鐵鉤穿在皮膚上），走上四個多小時，最後赤腳爬上山嶺，抵達穆盧干神廟。」

儀式結束後，賽格拉陀斯團隊給這兩組痛苦層次不同的信徒，每人發兩百盧比（相當於兩天的薪水），請他們填完問卷。他們一領到錢，便得知有機會匿名捐獻給神廟。受苦較少的信眾平均每人捐八十一盧比，承受極大痛楚的信徒則慷慨得多，平均捐出一百三十三盧比，亦即捐出三分之二。更有趣的是第三組人的行為，這群人是「觀察他人承受巨大痛苦」的信徒，陪著沿途顛躓的信徒前行，但自己不必承受身體上的苦楚。他們的捐獻更為慷慨，平均捐款為一百六十一盧比（亦即問卷調查報酬的八成）。

研究團隊下了個結論，觀察苦痛的人受苦，會讓人增加「利他主義」傾向，或者主動做出裨益他人的行為。他們因而主張，極端的儀式，尤其是共享的痛苦經驗，可被視為「凝聚自己人的社會手段」。

這類極端儀式位於光譜的一端，而另一端則是企業的繩索課程，該課程以模擬危險的方式促進工作團隊的親密感。乍看之下，兩種經驗似乎迥然不同，其中一個很可怕，心理上難以承受，另一個則是神聖的宗教儀典。但兩者的共通點都是苦苦掙扎。

若團隊裡的人很快就水乳交融，代表這些成員很可能之前曾共患難過。一項研究發現，若幾名陌生人被要求一塊做某件苦差事，比方說雙手浸在裝冰水的盆子裡並進行「挑揀工作」，那麼他們感受到的親密，會勝過雙手浸在常溫水中的那一組陌生人。而且就算工作本身毫無意義，仍將滋生親密感！（兄弟會欺負大一新生就是既無意義又痛苦的儀式。）

想像一下，一群夥伴為了挑戰有意義的任務而共同奮鬥，期間所產生的革命情感。例如，一群社會運動人士努力保護森林，以避免樹木被砍伐殆盡；幾名新創公司的創辦人為了籌出薪水搞得焦頭爛額；傳教士們為了宣揚信仰，在遙遠的國度忍受著被拒斥的痛苦。

上面的故事有派得上用場之處嗎？我們是否應該多讓下屬受罪，以創造患難與共的關鍵時刻？倒也未必要如此。但有一點值得注意，若具備適當的條件，人們自然而然會選擇奮鬥，而非避免或抗拒。適當條件包括：這項工作對他們來說是有意義的；他們在執行上有一定的自主性；參加與否係個人的抉擇。

夏波公司號召自願員工加入「行動小組」，俾改善病患體驗，正是訴諸上述條件：工作本身是為病患提供更棒的服務，這是有意義的事。其次，行動小組握有自主權，大多是受託研擬改善醫療體系某一方面的政策。同時是自願參與，大夥兒相當踴躍，共有一千六百個人主動參加。一大群人願意並肩奮鬥。

如果你希望所屬團體有強大無比的凝聚力，不妨找個難度高又深具意義的工作來做。你們每一個人這輩子都會牢牢記住這段回憶。

策略三：與意義產生連結

為了創造連結的時刻，我們大家聚在一處，體驗起步走的一刻，我們可以邀請他們一起奮鬥。最後一項策略是為了讓大家體認更巨大的意義。許多組織中的員工每日忙著處理例行事務：收發電子郵件、開會、完成待辦事項，逐漸忘懷工作的意義。而這層意義很可能便是幹才和庸才的區別。

加州大學柏克萊分校教授莫頓・韓森（Morten Hansen）在資訊豐沛翔實的《高績效心智：全新聰明工作學，讓你成為最厲害的1%》（*Great at Work: How Top Performers Work Less and Achieve More*）一書中，針對五千名員工與主管進行調查，以掌握明星員工的本質。其中一項發現是，百分之十七的員工「完全同意」以下這句話：「我在公司裡所做的事，除了賺錢，還對社會很有貢獻。」有強烈使命感的這群人，大多能在主管評定的績效上名列前茅。

這項研究也探討了目的和熱情的區別。依照韓森的定義，「目的」是你知道自己有所貢獻，你的工作有更廣大的意義。熱情是對工作抱有熱忱或感到興奮。韓森很想知道何者對工作表現的影響更顯著。

他將員工分成數種類型。譬如缺少熱情和目的的下屬，他們的平均績效被主管列為第十個百分位：

	高目的性	低目的性
高熱情		
低熱情		第十個百分位

滿差勁的，但不太意外。如果你對工作既缺乏熱情，又覺得它毫無意義，你便不太可能表現得超乎預期。反之亦然，有些人極具熱情，並且深知目的，他們便是職場中的明星：

	高目的性	低目的性
高熱情	第八十個百分位	
低熱情		第十個百分位

那麼，如果員工只有其中一項特質比較強，會怎麼樣？是充滿熱情的人、還是深知目的的人，哪一個表現得更好？

	高目的性	低目的性
高熱情	第八十個百分位	第二十個百分位
低熱情		第十個百分位

結果讓人大吃一驚，對工作懷有滿腹熱情，也就是一說到工作就興奮不已的人，若是缺乏努力的目的，依然會成為蹩腳的員工。下表是這塊拼圖的最後一片：

	高目的性	低目的性
高熱情	第八十個百分位	第二十個百分位
低熱情	第六十四個百分位	第十個百分位

結果清楚明瞭，目的比熱情重要。受邀在畢業典禮上致詞的人，千萬要注意。最佳的忠告並非鼓舞觀眾「追求熱情」，而是要他們「追求目的」！（若能想法子結合兩者，就更好了。）

熱情傾向於個人主義，雖可讓我們活力充沛，卻也使我們孤立，因為我的熱情不是你的。反之，一個有挑戰性的目的卻可由眾人共享，上下團結一心。

你該如何發現目的？耶魯大學的艾美・瑞茲內斯基（Amy Wrzesniewski）教授，探討人們如何發現工作的意義？曾說許多人以為必須找到自己的志業，就好像它是「某種神奇之物，存在於世上等著被發現。」但她認為「目的」並非是被發現，而是經由培養而生成。

組織內的主管應該學著挖掘出目的，好讓原先可能飄往不同方向、追逐不同熱情的人們團結起來。目的可透過洞察與連結的時刻，培養而成。任教於華頓商學院的亞當・格蘭特（Adam Grant）曾針對救生員進行研究。在美國中西部的某個社區遊樂中心，格蘭特將三十二名職業救生員分成兩組。第一組是個人利益組，讀了四篇其他救生員靠工作上學到的技巧，從中牟利的故事。第二組是意義組，讀了四篇有關救生員拯救溺水泳客的故事。

兩組之間的差異相當驚人。這次的干預使意義組的救生員在未來數星期主動認領更多工作，工作時數較另外一組高出百分之四十三，這些故事使他們對自己的工作更感興趣。

此外，幾位主管事先不知道救生員讀過哪一組故事，並且應研究團隊要求，評估他們在接下來數星期的「助人行為」。助人行為的定義是「採取自發性行為，使他人受益」。意義組的助人行為增加了百分之二十一。同時，個人利益組則是不論在助人或工作時數方面均不見增加。

請記住，只不過是一場三十分鐘的討論會，救生員讀了四則故事後加以討論，便產生了這些行為差異。這正是不折不扣的「關鍵時刻」，只是規模小一些，但它的確具有影響力。這種干預方式與所謂「與意義產生連結」的策略不謀而合，意即找到方式去提醒人們自身工作的意義。

這種干預方式在其他領域也一樣有效。當醫事放射師看到正在掃瞄X光病患的照片，就會同時增加原始數量和掃瞄的準確度。正在裝配外科手術包的護士見到稍後將使用手術包的醫生，就多花百分之六十四的時間裝配（相較於對照組），錯誤率減少百分之十五。由此可見，與意義產生連結很重要。

並非所有人都在拯救性命，或者為病人服務。有時候，目的未必那麼真實可感。對於媒體整合行銷團隊、伺服器管理員，或人資部門的薪資福利股來說，最主要的「目的」是什麼？

當然他們都有個目的。有時不斷問「為什麼」會有幫助。為什麼你要做這件事？或許需要好幾個「為什麼」才能找到意義。試舉醫院工友的例子：

* 你為什麼要打掃醫院病房？「因為主管叫我這麼做。」
* 為什麼？「因為這樣病房就能保持乾淨。」
* 為什麼這件事重要？「因為（保持乾淨）讓病房更衛生，住起來更舒適。」
* 為什麼這件事重要？「因為（衛生舒適）讓病人更健康快樂。」

當你得知貢獻是什麼，提問就可以結束了。你的工作為誰帶來益處，你又是如何對他們做出貢獻？這名工友的功勞是促進病人的健康快樂。媒體整合行銷團隊的功勞是提升現場業務人員的信心和成果，而薪資福利股很可能對公司同事的財務安全和內心安穩做出了貢獻。

當你了解到自己最大的目的是做出何等貢獻，便能夠跳脫於工作範疇之上。以醫院工友來說，他的工作清單相當具體：掃、拖、刷、消毒，重複一遍。但明白了這份工作的目的，便能激發創新和即興作為。瑞茲內斯基研究的其中一名醫院工友，只要看見病人似乎很想找人說話，一定會主動和他聊兩句。這名工友明白許多病人沒傾訴的對象，為了「緩解病人的孤寂」，即便這並不在他的工作清單上，但他樂於為病人多付出一些。

目的感似乎能激發許多「超越其上」的行為。如我們所見，一旦夏波的員工獲得啟示，重新與工作的意義產生連結，便願意付出更多超出職責範圍的事，以期為病人創造不同凡響的時刻。一名癌症病人正進行第五或第六次化療，卻絲毫不見好轉。她知道自己不可能在寶寶出生前出院，卻仍想為懷孕的兒媳辦一場派對，迎接即將出世的寶寶，於是醫院同仁為她在院裡籌辦這場派對，特地選在景致不錯的森林花園，還鼓勵她依照自己的喜好安排空間，添加裝飾。「她的兒媳對她最後一段時日的回憶，是婆婆過世前還為她籌劃了一場寶寶派對。」黛博拉．拜登斯說，她是夏波紀念醫院急症照護部主任。

對病人來說，這是了不起的一刻。接著想像一下，參與這次活動的員工內心有何感受？那天回家時覺得筋疲力盡，卻心滿意足。因為，今天做了件意義重大的事。

這是共享意義的一刻，不僅為個人注入了擁有成就的自豪感，還帶來連結的深刻感受——來自完成重大的任務。

在聖地牙哥舉行全體員工大會之後，在辦公室共享的笑聲之後，在模里西斯的宗教儀式之後，在森林花園的寶寶派對之後……，人們的關係變得緊密且相連，因為他們明白自己正在做的事，比起當中的任何一人，都更加重要迫切，而且更巨大。

第十一章　建立深刻的連結

關係不會自然而然加深，若不採取行動，關係就會停滯不前。試試「三十六個問題」提問法，一旦對他人「積極回應」就能建立更緊密的情誼，而且這些情誼還會以驚人的速度加深。

打破一成不變的關係

位於華盛頓哥倫比亞特區（亦稱華府）的史丹頓小學是一所爛學校。「它是全國最糟的學區裡面最爛的一所小學，所以應該算是全美最爛的學校吧。」蘇珊．史蒂文生說，她曾在側重教育的弗藍波研基金會擔任執行董事。

二〇一〇年，由於該校辦得太差，學區委員會決定進行「改組」，解聘校長和行政團隊，一切從頭開始。六月時，年僅二十八歲的卡莉．約罕．費雪蘿奉命改造這所學校。

她走在廊道上，眼前的景象讓她嚴肅以待，知道此事非同小可。混凝土砌成的磚牆、巨大厚重的門、窗戶嘎吱地響、暗沉沉的樓梯間、照明也很差，到處都漆成難看的黃色，像是髒髒的黃板牙。某位費雪蘿聘請的老師說：「看起來不像是學校，反倒讓我想起悲慘的孤兒院故事。」

改建的事稍後再說。話說，這間學校自學區委員會接管後，陷入了混亂，當務之急是收拾這個爛攤子。學年快結束時，才宣布史丹頓小學將委由經營公立特許學校的學會（Scholar Academies）管理，許多家長對此大為光火，因為太晚通知，也沒有徵詢他們的意見。教師們既生氣又震驚，他們甚至還不知道飯碗可能不保。

費雪蘿深知老師很氣憤，但她必須盡快安排好接任的教職員，挪不出時間安撫。直到學期的最後一週，她的團隊才能逐一與史丹頓的每一名教職員進行面談。面談在校內圖書館進行，卻一再被打斷，「因為孩童大力晃動書架、互相叫罵、拿起椅子作勢要扔向其他小孩。」費雪蘿說。

最後，新領導團隊資遣了四十名員工，只留下九名。新的員工全數到職後，管理階層翻修了陰暗沉悶的校園環境，先是刷洗清潔，接著降低天花板高度好加強聲音效果，提高走廊的照明亮度，還掛起了大學的三角旗和寫著勵志話語的布條，有些地方還漆上了鮮綠色。

二〇一〇年秋季開學那天，史丹頓的學生走進學校大門，可說是踏進了一所新學校，包括新校長、新的教職員工、新課程，而且教室煥然一新。費雪蘿和她的團隊有信心不出一年，便能為學生創造耳目一新的經驗。

但開學後不久，他們就明白事情沒那麼簡單。第一個星期，費雪蘿搞懂了「私逃」（*elope-*

ment）一詞的意思，是指學生擅自離開教室。私逃行為在史丹頓相當盛行，校內許多間教室都有兩扇雙開的門，就像以前美國西部的小酒館。費雪蘿說：「小孩會從一側的門溜出去，從另一側回來。他們成天就在教室內外穿梭……跑到走廊上、跑進暗沉沉的樓梯間、溜進校內餐廳或體育館……」

教職員難以掌控這間學校。第一年就有三百二十一人被停學，可謂十分驚人，當中不少人同樣是素行不良的那一類。全校學生中，有百分之二十八被歸類成「長期曠課」，意謂著他們無故曠課達十日以上。

「那一年非常誇張，有如置身於戰壕，我們都覺得自己是在作戰。」費雪蘿說。他們擬妥的計畫全告失敗。某人如此評斷二〇一〇至二〇一一學年的史丹頓：「這所學校從『很糟』變成『更糟』」。那年過了一半，費雪蘿從學校的樓梯上跌落，摔斷了腿。

「到了下學期，什麼做法我們都肯試試看。」費雪蘿說，「我們只想做點不一樣的事。當你面臨窮途末路，你會樂於接受各種想法。」

費雪蘿努力尋求解決方案，便和弗藍波研基金會的一名代表見面，這是一個致力於改善學校現狀的家族基金會，其著名策略是強調「家庭介入」，亦即鼓勵家長在子女的教育上更加積極，扮演支持的角色。費雪蘿知道這是史丹頓比較弱的一環。「你可以塗刷油漆、安裝照明、懸掛大學的三角旗，引進非常棒的團隊，但假如你和服務對象之間缺乏信任，這些都不重要。」她說。

以哥倫比亞特區的學校系統來說，家長和教師彼此互不信任由來已久。基金會的執行董事蘇珊・史蒂文生曾召集特區內的一百五十個家庭進行座談，發現到一個令人沮喪的事實，家長們認為這群教師無能冷漠，只知道坐領乾薪。許多家長本身曾就讀過特區的公立學校，說起求學經驗都有滿腹苦水。

教師也覺得家長不太看重教育，校內有活動鮮少現身。要說動他們參加親師座談會，聊聊孩子相當的困難。（但另一方面，家長的結論則是完全相反：他們察覺到老師對他們的孩子毫不關心，所以不願意浪費時間去開會或參加活動。）

史蒂文生聽說加州首府沙加緬度有一項為了提升家長參與而設計的計畫，早期試驗的結果相當不錯，她想在特區內選幾所學校試行這項計畫。費雪蘿說：「我們可說是乞求弗藍波研基金會，讓本校成為試辦學校之一。」

學年接近尾聲時，費雪蘿召集全體教師來聽一聽這項試辦計畫的執行方式。她忐忑不安：「我覺得整個團隊那時已經真的很累了，如果再加上週四晚上長達兩小時的訓練……我心想，這不可能行得通。」

基金會的顧問在會議上表示，這項計畫最重要的核心活動是進行「家庭訪問」，建議教師從下學年開始前，到學生家裡拜訪家長，聊聊他們的孩子。

「家訪」的概念對老師來說並不陌生。在許多特許學校中，老師一定要做家庭訪問。但大部分家訪的目的是請家長簽署某份「合約」，保證遵循某些方式支持自己的小孩。

弗藍波研基金會進行家訪的方式卻相當不同。教師不准帶任何文件去拜訪，所以沒有合約要簽也沒有資訊要檢視。他們只是扮演提問者的角色，然後聆聽答案。他們被囑咐要問下面幾個問題：

「請說說貴子弟在學校的就讀經驗，以及您和本校打交道的經驗。」

「告訴我，您對貴子弟有何夢想或期望？」

「您希望貴子弟日後成為什麼樣的人？」

「我需要做什麼，以幫助貴子弟學得更多更好？」

有個名叫梅莉莎・布萊特的數學教師，那晚也去開會，便說：「我第一個反應是『鬼才相信咧』！」布萊特赴史丹頓任教以前，早已在好幾個棘手的學區裡教過書，像是費城南區，以及紐約的哈林區與貝德福——史岱弗森特等社區，因此她很懷疑一次家庭訪問能達成什麼效果。

但接著有兩位家長現身說法。基金會出錢請他們搭飛機來，他們在沙加緬度接受過家訪，那是此計畫的一部分。兩名家長談到數次家訪對他們的意義，他們提到那是第一次有人問起他們對孩子有何期許。以往學校派人來家裡時，通常是有表格要填，或有懲戒的問題要談，或請求排出時間當義工。但那次家訪卻不同，老師坐在沙發上，認真聆聽家長們說話。

布萊特聽到家長這麼說，態度為之丕變。「我們總說尊重家長的意見，但我們從未真的傾聽他們說了什麼？」她說，「這麼一想，我雞皮疙瘩都起來了。我想，哇，我們得多做一點才行。」

弗藍波研基金會的研究顯示，家訪對於父母的參與深具效果，甚至還更進一步間接增強學生的成就。「就好像房裡出現了亮光，」費雪蘿說，「我們在想，這種做法可能很有效，而且我們辦得到。」

大約十五名教師答應在那個夏天進行家訪。剛開始進展緩慢，家長抱持懷疑的態度觀望。但之後關於訪問的好評開始在社區裡流傳。「家長想要我們去家訪，」布萊特說，「你會聽到他們彼此討論：『老師去你家了嗎？老師來過我們家一次了。』有個老師甚至在街上被一名媽媽攔下來，她很氣惱自己竟連一次家訪都沒有。」

二〇一一年秋季開學日那天，史丹頓的氛圍明顯不同。首先，很多學生已經認得老師的臉和姓名，因為他們在自家客廳看到老師和母親說話。而初步的熟悉和信任帶來了更好的行為。某天，學校餐廳裡出了點問題，大約一百名學生必須在樓梯上排隊。若換作前一年，必定亂成一團，但那一年，現場安靜一切井然有序。

「這裡終於感覺像是一間學校了，」費雪蘿說，「我無法相信這麼快就奏效。」

不過，真正令人驚愕的還在後頭，開學一個月後的一年一度「返校日」夜晚，父母受邀去學校和老師們會面，看看孩子的教室。布萊特說：「父母通常不太熱中參與，不光是在史丹頓，就連以往我待過的每一間學校，那天都只是例行公事而已。除了固定露面的那三名家長以外，沒人會出現，而你早就跟他們談過了，因為每一次活動他們都會來。」

前一年學校只有二十五位家長出席。今年，職員樂觀地推測，家訪後應該會改善這種局面，便在禮堂多設了五十個座位。

活動開始前十五分鐘，五十個座位都坐滿了。於是他們又追加一百個。十分鐘後，他們訝異地發現，這些位子也滿了。原本坐在位子上的老師們，把座位讓給陸續來到的家長，最後當校長費雪蘿站在台上歡迎大家時，禮堂裡只剩少數可以站的地方。有超過兩百名家長到學校！「有那麼一刻我們面面相覷，」布萊特說，「覺得自己彷彿置身於《陰陽魔界》（集科幻、恐怖、超自然等元素的系列影集）裡。」

令人驚詫的時刻一個接著一個。前一年，親師座談會的出席率僅百分之十二，但二〇一一至一二學年卻攀升至百分之七十三。曠課比率從百分之二十八下降至百分之十一。課業表現也有好轉，在哥倫比亞特區的綜合評估系統（Comprehensive Assessment System, CAS）的閱讀測驗中，被評為「精通」的學生人數增加一倍，從百分之九增為百分之十八，而數學達到精通的人數從百分之九上升至百分之二十八，是原本的三倍。停學幾乎已不復見，從三百二十一人降為二十四人。

家人投入的效果並非短暫的「蜜月期」，反而隨著時間而增強。年復一年，建立起更多成功案例。隨著家訪次數更多，父母更加投入，孩童變得更有禮貌，也獲得更高的測驗成績。到了二〇一三至一四學年，史丹頓的CAS成績，閱讀精通比例攀升至百分之二十八，數學精通則是百分之三十八。

在哥倫比亞特區上小學的三年級學生，每天大概有七小時待在學校，一年上學天數是一百八十日，也就等於一千兩百六十個小時。照理說，一小時家訪的效果很容易被稀釋到不見蹤影。然而，實際上那一小時產生的效應卻在接下來的一年裡持續擴散。這就是關鍵時刻。

如此微小的介入為何能帶來巨大成效？那是由於我們早已習慣用時間長短來評斷一段人際關係，一段關係維持得越久，必定越親密。遺憾的是，關係並非如你想像中的那樣逐步增溫，也未隨著時間深化。如果你和舅舅每年感恩節都只是例行寒暄，那麼十年後，你們倆沒有變得更親，也是意料中的事。反過來說，你是否有過曾對某人一見如故，立刻產生喜歡與信賴的感覺？

我們發現，如果能夠創造適當的時刻，人際的關係就可以瞬間產生質變。發生在史丹頓小學的情況，同樣也能發生在家庭或職場的其他人際關係裡。

為何在經過某些特定的時刻過後，人們之間的連結將變得更深刻呢？

問對方「你要什麼？」而非「你怎麼了？」

社會心理學家哈里・萊斯（Harry T. Reis）畢生致力於解開這個謎團。二〇〇七年，他發表了一篇頗具爭議性的論文，題目是《使關係科學趨於成熟的步驟》。聽起來普通，但這篇論文實際上充滿攀登學術界聖母峰的企圖。

萊斯挑戰他的同儕，看誰先找出能解釋人際關係，放諸四海皆準的理論。為何有些關係能長久延續，有些卻瓦解？為何有些伴侶日益親密，有些伴侶做不到？簡單地說，維持人際關係的「電路圖」究竟是什麼？

萊斯還是博士候選人時，曾提出了關係科學的「主要組織原則」，這項概念足以串起龐大散佚的研究文獻，可以簡單概括為「當我們察覺到伴侶樂意且積極的回應，關係就會更趨堅韌」，也常逕稱為「伴侶知覺回應性」（perceived partner responsiveness）。

回應度涵蓋了三方面：

* 了解：另一半知道我如何看待自己，什麼對我來說最重要。
* 認可：另一半尊重我的個性和喜好。
* 關懷：另一半主動想辦法支持我，會幫助我滿足一己的需求。

注意到了嗎？這個祕訣主要在於協調，即達成步調一致的和諧。我們希望伴侶看待我們的眼光，一如我們看待自身；也希望對方接受我這個人，幫助我們得到想要的事物。坦白說，還真自私，總是我我我！但其實這種自私是彼此互惠，因為伴侶也期待我們這麼做。

至於「缺乏回應」（non-responsiveness）又會是什麼樣子？你焦躁不安地走進家門，但另一半根本沒注意到（拒絕理解）。你談到新的興趣或充滿熱情的事物，他不感興趣甚至露出鄙視神色（拒絕認可）。有些時候，只要一個擁抱或溫言慰藉就非常有幫助，但他卻面無表情地看著你（拒絕關懷）。缺乏回應的危害甚大，對我們的個人特質視而不見；在對方眼中，我們並不特別，得不到有別於他人的待遇。[13]

研究顯示，快速回應的相處方式會使嬰兒感到安全，孩童感覺受到支持，人們更樂於與朋友為伍，並且使配偶更融洽無間。樂意回應與因依附產生的安全感、自尊、情緒愉快和其他一大串正面特質都有關聯（甚至有助於腎上腺皮質醇正常分泌，維持晝夜規律。聽起來像是哈利波特的咒語，但它其實就是一種壓力荷爾蒙）。

因此，若問史丹頓的家庭訪問何以大獲成功？答案很簡單，正是「積極回應」。再看一次老師問家長的四個問題：

「請告訴我貴子弟在學校的經驗，也說說您和學校打交道的感受。」（理解）

「告訴我，您對貴子弟有何夢想或期望？」（認可）

「您希望貴子弟日後成為什麼樣的人？」（認可）

「我需要做什麼，以幫助貴子弟學得更多更好？」（關心）

別忘了，弗藍波研基金會禁止老師帶文件去做家庭訪問，現在原因很清楚：因為一般性文件缺乏個別特質。像在說「這是我們發給大家的小手冊，每人領一份」，而積極回應與一體適用的議程兩者是無法並存的。

有一點萊斯說對了，「積極回應」這個概念可運用的範圍很廣。蓋洛普公司已經研擬出一組問題，用來衡量員工在工作上的滿意度。以企業界來說，蓋洛普發現，「對這些問題給予正面回應」與經理通常念茲在茲的目標，像是員工的向心力、低流動率、生產力與獲利能力，甚至某家企業的顧客滿意度……等，可說息息相關。以下是最有助於了解真相的六個提問，請注意，最後三道問題很可能也是萊斯會問的問題：

1. 我知道公司對我的期望和要求嗎？
2. 我是否擁有工作所需的資料和器材，幫助我正確執行業務？
3. 我每天都有機會做自己最擅長的事嗎？
4. 過去七天，我是否曾因工作表現傑出而獲得表揚或讚美？（認可）
5. 主管或同僚是否對我這個人表現出關心？（關懷）
6. 公司裡是否有人鼓勵我追求發展？（理解，關懷）

記得擔任業務經理的凱司．瑞辛格嗎？他指點鮑伯．休斯盡量多傾聽，一旦休斯有進步，便送他一副博士音響的耳機表示慶賀。他正是善於回應的主管，花心思注意部屬，在他們身上投注心力，並表揚他們的成就。如同蓋洛普研究所顯示，不論是家庭或職場，展現積極回應很重要。

這個概念在醫療保健體系中也有相似的影響力。現在，一般民眾普遍期待醫療單位在照顧病患時應給予積極回應。因此，全世界的醫療體系（如上一章提到的夏波）已經將「以尊重的方式治療病患」列為機構的優先事項。

美國的醫療照護改善研究機構（Institute for Healthcare Improvement, IHI）是非營利組織，以減少醫院中的錯誤及感染聞名於世，近年來也加入倡導以病人為本位的照護。這個主題對IHI的前任執行長墨琳・皮薩克娜諾（Maureen Bisognano）而言，有切身之痛。皮薩克娜諾排行老大，底下有八個兄弟姊妹。其中一個弟弟叫做強尼，既俊秀又聰明，十幾歲時就在波士頓塞爾提克隊當球童，他也相當喜愛這份兼職工作。

他十七歲時被診斷出罹患何杰金氏淋巴瘤。這種病的進程快速，之後幾年強尼多次進出醫院。墨琳常去看他，記得總有一群醫師在病房內穿梭。「他們就在強尼的面前大聲談論他（的病情），但卻幾乎從未真正對他說話。」她說。

強尼二十歲時，病情已經到了末期。他去墨琳的公寓找她，說道：「我應該過不了這一關。」她不知道該說什麼或做點什麼。「他已經準備好迎接死亡，但是我還沒有。」她說。

在那個年代，安寧照護觀念尚未普及，即使是垂危的病人也得接受侵入性治療——尤其是癌末病人受到的折磨更多。強尼大部分時間待在醫院裡，被立意良善卻不懂得回應病人需求的醫護人員用儀器監控、探測，進行治療，但卻從來沒有人試著問他的看法。

直到某一天，他們那時在彼得本・布萊根醫院（今為布萊根婦女醫院），一名醫生前來訪視。墨琳坐在強尼的床邊，醫生轉頭問她弟弟：「強尼，你想要的是什麼？」

強尼回答：「我想要回家。」

接下來發生的事讓墨琳大吃一驚。這位醫生開口向墨琳討了她的外套，從她手中接了過來，披在強尼身上，把他從病床上抱到墨琳的車上。

強尼回到了自己家，在深愛他的家人陪伴下，度過生命的最後幾天。他過完了二十一歲生日，數日後便離世了。

數十年後，墨琳在《新英格蘭醫學雜誌》上讀到了一篇文章，不禁想起弟弟當年的遭遇。作者麥可・J・貝瑞與蘇珊・艾格曼・利維登，在文中寫道：「臨床醫師必須放下自詡為『大家長』的唯一權威，訓練自己成為更成功的教練或伴侶。換句話說，對學著問病人：『對你來說，重要的是什麼？』以及『你怎麼了？』」

「對你來說，重要的是什麼？」這句話猶如閃電一般打中了墨琳。這句話和那位富同情心的醫生問弟弟的問題，本質上是一樣的。如今她體認到，這個問題碰觸到「病人本位照護」的核心。她在數百名醫護人員面前發表演說，每每呼籲大家，別只是問病患「怎麼了？」而是要問「對你來說，重要的是什麼？」她期望自己能號召出更多的回應。

這個問題隨即引發了眾多醫生與護士的共鳴。在蘇格蘭某間醫院的小兒科病房擔任護士的珍・羅潔思，二〇一四年在巴黎聽完墨琳的演說後，牢牢記住這個提問。她拿圖畫紙和馬克筆給她負責的住院病童，鼓勵他們以「對我來說，重要的是……」為題塗鴉。

其中一個叫做肯卓的七歲病童，為了動手術剛住進兒童病房。肯卓有自閉症，從不曾開口說話，她的父親總是在一旁陪伴，協助與醫護人員溝通。

但肯卓入院不到二十四小時，父親就疑似出現心跳停止的狀況，得盡快送去另一間醫院治療，留下肯卓一個人。她很害怕，無法說出心中的想法。

但她完成了「對我來說很重要的事」的圖畫，多少揭露了她的內心世界。「我叫做肯卓，」她這麼寫，「我有自閉ㄓㄥˋ。我不會說話，所以就算ㄊㄨㄥˋ，我也不會說。我不喜ㄏㄨㄢ人家把ㄧㄠˋ放在我嘴ㄅㄧㄢ，請注意，我會一直掙扎。我ㄞˋ摸人家的頭ㄈㄚˇ，那是我打招呼的方式。」（她的畫作見第二百三十頁。）

幾名護士將這張塗鴉當成照顧她的參考手冊。羅潔思說，若沒有這張圖，護士不太容易明白她行為背後的含意。想像護士和這個難懂的小女孩打交道時，會被抓住頭髮；餵她吃藥時，她拚命抵抗。她很可能被當成有攻擊性，因而被關在病房裡，這麼一來反而帶給她更大的壓力。

她的父親康復得很快，幾日後回到她身邊。而這段期間，幾名護士在照料她時，盡量滿足她的要求，例如輕摟安撫她（她寫過：「抱抱讓我覺得安心。」）；盡可能避免餵她服藥，因為她不喜歡；和她擊掌；讓她摸她們的頭髮，也幫她梳頭髮（「我爹地梳頭梳得很爛。」）只因為一個簡單的提問：「對你來說，重要的是什麼？」醫病的關係便徹底改變了！

羅潔思說，和肯卓相處的經驗讓某些持懷疑態度的同事，開始相信這個問題值得一問。現今，蘇格蘭醫院的兒童病房一律要求小孩以「對你來說，重要的是什麼」為題目，畫一張圖。

由於墨琳和ＩＨＩ的提倡，世界各地的醫師、護士均樂意採納這個問題，以了解並回應病人的需求。從史丹頓小學的家庭訪問中，我們看到只要時機正確，關係立刻會產生變化。

好回應創造好關係

在複雜而帶有情緒性的醫病關係中，積極回應相當重要，其實即便在日常的一般性互動也亦然。例如，當你發現自己因對方的服務不周而氣惱，很可能主因是缺乏回應。你在餐廳裡坐了十分鐘，沒人前來招呼。或者你去租車，櫃檯人員問你要不要額外加保，即使你從未買過。又或者，你在話筒這一頭等待轉接，業務人員卻過了很久才接起電話，開口第一句話就是要你證明自己的身分。

筆者很容易被惹毛的事情是：我們預訂飛機航班時，總是會考量飛行時間的長短。（我們會找飛行時間最短的班機。）近二十年來，我們一向以此條件進行搜尋，但從未有任何一個旅行網站儲存我們的搜尋喜好。然而，奇普在數月前不小心點開Hello Kitty的連結，至今每次上網都會被強迫一定要看可愛貓咪的行李箱廣告訊息。為什麼網路對於廣告點擊的記憶力如此驚人，卻記不住我們真正在意的事？

綜合上述，之所以發生這些令人不快的事，當然是因為缺乏理解、認可和關心。我們討厭沒被當成獨立個體，彷彿在說「你並不特別，你只是一個數字罷了。」

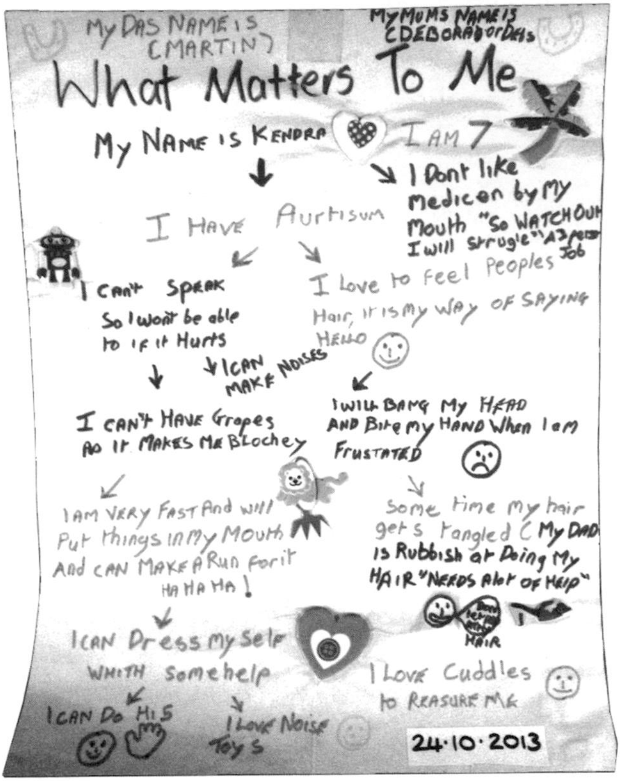

我覺得對我很重要的事

（左欄）我叫做肯卓→我有自閉ㄓㄥˋ→我不會說話，所以就算ㄊㄨㄥˋ，我也不會說→但我會吵ㄋㄠˋ→我不ㄋㄥˊ吃葡萄，吃了會長ㄓㄣˇ子→我動作很快，會把東西放進嘴巴，還會落跑。哈哈哈！→如果有人ㄅㄤ忙，我可以自己穿衣服→我會做這些事→我ㄞˋ發出ㄕㄥ音的玩具

（右欄）我今年七歲→我不喜ㄏㄨㄢ人家把ㄧㄠˋ放在我嘴ㄅㄢ，請注意，我會一直掙扎→我ㄞˋ摸人家的頭ㄈㄚˇ，那是我打招呼的方式→我ㄐㄩㄝˊ得不高興時，會用力ㄓㄨㄤˋ頭，咬自己的手→我的頭ㄈㄚˇ有打結，我爹地梳頭梳得超級ㄌㄢˋ→我ㄞˋ抱抱，會ㄐㄩㄝˊ得安心。

ＣＥＢ管理顧問公司的分析師研究「客服電話」的效果，以及顧客稍後所給的評分。令他們訝異的是，僅五成顧客的評分是根據方才那通電話，另外五成的評分都反映了客戶先前所受的待遇。（比方說，這名顧客為了某個問題，已經撥過六通客服電話，那麼即使第七次處理得很棒，也挽回不了評分。）

顧客記得先前受到的待遇，ＣＥＢ團隊稱之為「包袱」。大多數客服中心的話務人員也會憑直覺規避顧客的包袱。如果他們從紀錄中得知，這名顧客常被當成燙手山芋轉來轉去，他們也不會主動提這件事。為什麼要提？他們想，這就像在傷口上灑鹽，不如盡快解決眼前的問題就好了。

所以，ＣＥＢ針對「客服中心解決包袱」的技巧進行研究。在某個客服中心，研究人員隨機分配話務人員，其中一組人忽略顧客的包袱，另外一組則得盡力處理它。舉例來說，某個顧客打過好幾次電話反映新平板電腦的電池有問題。比較一下話務人員的應答：

忽略包袱的一號話務人員：「感謝您購買商品。我明白您的電池有問題，現在讓我們從頭開始檢查，先看一下平板上的『設定』，確定您沒有使用任何耗電速度太快的功能。」

處理包袱的二號話務人員：「感謝您購買商品。我明白您的電池有問題……唔，根據系統顯示，您已經為此撥過幾通電話，對嗎？好的，謝謝。方便告訴我您嘗試過哪些方式，哪一種有助於維持電池壽命，哪一種沒有幫助嗎？然後我們可以從那兒開始，而不是重複先前做過的步驟。」

處理包袱是給予回應，對顧客先前受挫的經驗展現了理解與認同，進而產生了驚人的效益，這位顧客對於二號話務人員提供的服務品質，給了幾乎高達兩倍的評分，而他原本預期自己必須得投注於解決這個問題的精力，也減少了百分之八十四。

哈里・萊斯在探討「回應」的指標性論文中，闡釋了人際關係的主要原則。他的重點在於：是什麼讓人際關係變得更強韌？我們已經發現這項原則運用的範圍甚廣，不僅說明了是什麼讓婚姻中的雙方變得更幸福？為何員工有受到注意與尊重的感受？是什麼讓病患在治療時覺得備受尊重？甚至還能解釋顧客為何特別滿意某一通排解疑難的電話？

答案是，若我們想獲得更多連結的片刻，便得多給予他人回應。

分享私密是關係增溫的催化劑

樂意回應有時候也非關係緊密的萬靈丹。處理包袱的話務人員固然樂意回應，但通話結束時對方並未感動得含淚道別。然而，回應若是伴隨著坦誠，很快就會發展出親密感。

它是這麼發生的：某人透露某件事，接著等待對方是否也同樣願意說出某件事。假如對方回饋的訊息是表示理解、認可和關心。我聽到你說的話，我明白並且接受你說的內容，我欣賞你，那意味著我也願意透露關於自身的事和你分享。一個吝於回應的伴侶，就好比你在飛機上隨口攀談，但鄰座的乘客卻戴上耳機，終止互享，凍結了關係。

輪流說話有時超乎想像的簡單。有個在公車站進行的研究，研究人員會走到陌生人身旁攀談，有兩種設定好的開場白。「低親密度」的開場白是：「嗯，我的一天總算過完了。你今天過得如何？」

「高親密度」的開場白則反之證明了，開啟一場輪流說話有多麼容易。研究人員只須說：「我真高興今天過完了，我一整天都忙個不停。你呢？」這就是高親密度的開場白！雖說按這個比例來看，握手大概算是青少年不宜的親密了吧。但即使只揭露了一點點的私事，也足以能激發對方說出更加親密的話。

實驗者：我真高興今天過完了，我一整天都忙個不停。你呢？

對象（年輕女子）：不，我今天過得很棒。

實驗者：你今天過得很棒？

對象：噢，是很美好的一天。我跟一個喜歡的人出去約會，所以今天過得很棒。

以這一幕來說，實驗人員說出個人的事，對象也給予回報，而實驗人員進一步回應，會使交談變得越來越深刻。這是一步步達成的親密。當然我們也都曾遇過和上述完全相反的互動模式，在那種情況下，我們的回應彷彿像程式設定好的那樣，「戴夫，還在忙？」「沒啦，幾乎沒在做事。」「是喔。」「又過完一天了。」「是啊。」「好，再見。」這是處於毫無起伏的高原期人際關係。

在一陣輪番說話以後，彼此的親密感加深了。關於這種現象，有個相當生動的例子，社會心理學者阿圖・亞隆（Art Aron）與四名同僚共同執行一項名為「產生人際親密感的實驗」的研究。（順道一提，實驗名稱滿適合當成實境秀節目《鑽石求千金》（*The Bachelor*）[14]的別名。）

在這個研究中，一群修心理課的大學生自願和同班另一個不認識的同學配成一組。每一組都拿到一個信封，裡頭裝著寫了三十六個問題的紙條。他們按編號一次抽出一張，兩人一起回答問題。

這個活動分成三個回合，各十五分鐘。他們依序回答一段時間後，問題變得益加親密。以下從三回合中抽樣，各選出三道問題：

第一回合

1號問題：如果你能夠任意選擇，世上你最想邀請誰共進晚餐？
4號問題：於你而言，「完美」的一天是由什麼組成？
8號問題：你和搭檔看起來有哪些共通點？舉出三個例子。

第二回合

13號問題：若水晶球可以告訴你有關自身、人生、未來發展或任何其他事的真相，你想知道什麼？

15號問題：截至目前為止你最大的成就是什麼？

21號問題：愛與情感在你的生命中扮演了什麼角色？

第三回合

26號問題：把這一句接下去說完：「我真希望自己能和某人分享……」

28號問題：告訴搭檔，你喜歡他／她的哪一點？要非常坦白，把平常不會告訴剛認識的人的話說出來。

33號問題：如果你今晚就會死去，也沒機會和任何人交談，你最後悔沒對某人說的話是什麼？為什麼你還沒告訴他／她？

最後要下結論時，這對搭檔被分開，還必須填寫一份簡短的調查問卷，其中包括測量親近程度的自我涵納他人量表（Inclusion of Other in the Self, IOS）。ＩＯＳ量表最高七分，受試者平均獲得三・八二分。

三・八二有多高分？這麼說好了，研究人員請另外一群同校學生，用這份ＩＯＳ量表評定對他（或她）而言「最親近、最交心、水乳交融、密不可分的關係」，可能是男女朋友、母親或麻吉。有百分之三十的學生給「最親密的關係」評分不到三・八二。

想想看，兩個陌生人坐下來，聊了四十五分鐘，那不過是吃一頓簡便的午餐，或撥一通客服電話詢問一大堆技術問題所需的時間。但在接近尾聲時，彼此之間的親近感，居然不亞於百分之三十的大學生對「生命中最親密的關係」的感受！

這是人際關係的煉金術！

阿圖・亞隆的三十六個問題相當有名，甚至出了一款手機應用程式供人下載，以測試你和伴侶之間的關係。（就叫做「三十六個問題」）從某些方面來說，問題本身並不重要。親密並非由這幾個問題就一蹴可幾，而是靠彼此輪流說話才創造出來的。嚴格說來，換上另外的三十六個問題也同樣有效，只要這些問題皆符合亞隆所創造的逐步卸下偽裝、坦白以對的過程。

有一點必須闡明，這個過程不會自然發生，你必須有啟動它的動作。

為了進一步探究這種情況，我們要求一群讀者這麼做：「下星期，在你和家人或朋友聊天的時候，別光是閒話家常，要刻意談得深入些，分享彼此真實的經驗，也許是你在家中或職場上遇到的挑戰或難題。別怕說出內心話，要相信對方也願意有所回饋，你們可以將這場對話提升到更高的層次。」

人們將很訝異自己所得到的回應。以下是麥可・埃隆所說的話：

「我和辦公室裡的另一名經理談話，原本是為了討論專案進度的會議，但我把話題帶到專案以外的範圍。在這次會議之前，嚴格來說我們只是工作上的同事，知道對方在公司裡的職責，其他方面幾乎一無所知。但在這次談話中，我發現她不僅今年下半年將搬去亞利桑那州的鳳凰城，還得繼續遠距負責這項專案計畫。她是因為丈夫的健康問題才搬家。然後我們談了些健康的話題，因為她丈夫有多發性硬化症，冬天時很難在這一帶四處走動，公寓式的房子住起來也很不方便，所以他們決定搬家。然後我們談到，他們現在的房屋幾經波折，終於準備要脫手，而搬家打包的過程也很累人等等。

第一個問題無須太深入或涉及隱私，但就像『剝洋蔥』一般，我們只要每次回話都更深入一點，等談完時，已經頗有斬獲。這次練習完全顛覆了我以往討論公事的模樣，也改變了我和這個人的關係。」

關係不會自然而然加深。若不採取行動，關係就會停滯不前。如同埃隆上面那段話：「我們僅是工作上的同事，只知道對方在公司裡的職責，其他方面幾乎一無所知。」這是凍結的關係。但我們已經看到，一旦對他人積極回應就能建立更緊密的情誼，無論是教師與家長、醫生和病人、顧客與客服中心的話務人員、職場上的同事，甚至是參加同一場實驗的陌生人，均可從中建立感情，而且這些情誼還會以驚人的速度加深。

建立人際連結的關鍵時刻可能很短暫，卻雋永不凡。

連結的時刻

一、連結的時刻使我們與他人建立感情，因而感到溫暖、團結、同理心與認可的情緒。

二、想要為群體創造連結的時刻，就必須先營造共享的意義，而這份意義可藉由三種策略來達成：⑴醞釀同步的時刻；⑵邀請大夥兒共同奮鬥；⑶與意義產生連結。

【實例】夏波改善顧客體驗的努力，是由三種要素構成：⑴全體員工大會；⑵主動加入「行動小組」；⑶呼籲大幅改革照料病患的方式。

三、群體成員一起奮鬥，會產生革命情感。當他們握有工作的自主權，而且工作本身也有意義。那麼只要是出於自由意志的選擇，人們便會樂於加入奮鬥。

【實例】賽格拉陀斯針對信徒的行為進行研究，結論是：一同經歷痛苦，可視為「凝聚自己人的社會技術」。

四、「與意義產生連結」使眾人重新找到努力的意義，不只有激勵效果，還能鼓勵大家把工作做得盡善盡美。

【實例】韓森的研究顯示，以工作表現來說，強烈的使命感比熱情更為重要。

五、就關係而言，我們相信感情會隨著時間而成長，但實際上並不全然如此。有時候，即便是認識很久的關係也會進入高原期；但若是只要時機正確，人與人之間也能快速地建立情誼。

【實例】費雪蘿和她的團隊扭轉了史丹頓小學的局面，一部分得歸功於教師在開學前去拜訪學生家，找家長談話。

六、據心理學家哈里・萊斯說，讓私人關係變得深刻的關鍵是「樂於回應」，即相互理解、認可，付出關心。

【實例】史丹頓的老師傾聽家長對子女的期許，展現了樂於回應的心態。

【實例】在醫療保健體系裡，護理人員不再問：「怎麼了？」而是問：「對你來說，什麼事最重要？」

【實例】「處理包袱」的客服人員認可並同理顧客過去的經驗。

七、積極回應加上坦誠，容易發展出親密關係。親近感會在「輪流對話」當中產生。

【實例】阿圖・亞隆的「三十六個問題」實驗讓素不相識的人在四十五分鐘內變得親近！

〔案例5〕如何戰勝穀倉心態？

狀況

某間大公司的業務部副總和行銷部副總共進晚餐時，終於坦承某件彼此早已心知肚明的事：兩個部門的關係出了問題。雖說行銷和業務部理應攜手合作，但兩個團隊卻各自為政。行銷團隊推出華美的文宣與廣告，但業務部抱怨這些廣告文宣未能反映出顧客對公司產品的期待。業務人員堅持降價有助於產品銷量，但行銷人員嘲諷業務團隊只想盡快達成交易，卻不願意向客戶深入介紹產品的優點。

這個故事雖然是編造的，但類似的衝突十分常見。

渴望的結果

兩位高階主管再也受不了缺乏團隊合作的情形。兩支團隊並非形同水火，只是在各自的小圈圈裡待慣了不想改變。兩位主管決定要讓兩個部門通力合作，但他們知道必須來一次震撼教育才辦得到。

我們如何創造出關鍵時刻？

何謂關鍵時刻？這一刻必須被創造出來。兩位副總經理敲定為期兩日的會議，在辦公室以外的地點召開。問題是，他們該如何設計出能為團隊成員帶來關鍵時刻的會議？

一、加入「提升」：

● **顛覆腳本**：在其他地點開會本身就是顛覆腳本的做法。環境一改變，就打亂了常規。

● **增加感官吸引力，提高賭注**：會議一開始，與會者被引領著走出來，發現停車場上有一輛一級方程式賽車。業務部和行銷部的人混合編成幾個小組，臨陣受訓成為賽車的維修技師，比賽哪一組換輪胎的速度最快。小組的合作默契會因一次次的嘗試，變得越來越好。有時只是為了調劑，這幾組人還會互相開玩笑，笑成一團，但輪到自己的小組當維修技師時，卻又無比認真。過後回到了會議室，幾組人討論方才的經驗，以及何謂成功的合作。

二、加入「洞察」：

● **瞬間發現真相**：兩位主管出人意表地邀請一名顧客來對大家發表意見。顧客說起他和行銷、業務團隊打交道時，有種不協調的感覺，「好像在跟不同的公司說話。」

● **離開舒適圈，獲得洞察力**：這次開會前，各有兩名行銷人員和業務人員分別被「安插到」對方的部門，為期一週。然後，他們在辦公室外召開的會議上分享心得。被安插到業務部的行銷人員談到，「行銷部對業務部不了解的地方是……」而業務人員則陳述

「業務部對行銷部不了解的地方是……」。

三、加入「榮耀」：

● **表揚他人：**兩個部門總是合作不夠緊密，但也有少數例外。表現亮眼的幾個人都拿到了「團隊化學效應獎」，獎品是一條曼陀珠和一罐健怡可樂。（要是不懂這個組合有何含意，可以Google搜尋一下關鍵字。）會後，兩名副總經理在辦公室裡放了一堆曼陀珠和健怡可樂，這樣就能隨時發獎品給表現不錯的組員。

● **訓練勇氣：**行銷和業務團隊之所以很難通力合作，其中一個原因是他們習慣用被動攻擊的方式進行溝通。大家面對面時有禮客套，過後轉身再找同事抱怨，拖拖拉拉地做。所以這次在外頭開會，大夥兒開始練習「關鍵對話」的溝通技巧。這次訓練極為成功，「關鍵對話」一詞變成了公司內部的笑話。大家回到辦公室後，經常對同事說：「我們可以來個關鍵對話嗎？」（只是半開玩笑的口吻，用幽默化解了討論問題的困難。）

● **建立更多有意義的里程碑：**這兩個團隊設立共同的目標，也就是打算慶祝的時刻。他們決定要慶祝的時刻包括：

(1)業務人員第一次在一週內和行銷團隊往返的電子郵件數量，多過於私人互傳的電子郵件；

(2)任一團隊中，第一次有人努力替對方爭取資源；

⑶第一次有人幫另一個團隊解決某個問題。

四、加入「連結」：

- 請注意，目前討論過的活動都有助於創造連結，包括一起當維修技師的經驗、公開發表被安插到另一部門的心得，以及練習「關鍵對話」的技巧。這樣的時刻，多半包含一種以上關鍵時刻的要素。
- **使連結更深刻**：在辦公室以外的地方開會，這個行動本身就是有力的宣示。讓大家在辦公室以外的地方相聚，傳達出「我們在同一條船上」的訊息。這是同步的一刻。
- **創造共享的意義**：會議快結束時，高階主管要兩支團隊協力合作，和一個重要的潛在客戶接洽。他們必須研擬計畫，並在兩小時內呈交給副總經理。這是困難的任務，但能夠幫助成員之間培養彼此的革命情感。

最後總結

針對本案，我們想強調兩件事。

⑴在這種複雜、具政治意味的情況下，創造決定性的一刻至為重要，這是一道分界線，你在此宣告：來到這裡之前，我們抱著穀倉心態，各自為政；站上這個位置後，我們要努力通力合作。這個共享的情境是一股社會動力，推動彼此朝目標邁進：如果我表

現差，你盡可對我明說，因為你知道我記得自己承諾過要改進。

(2) 許多人討厭開會是因為情緒彷彿被蓄意榨乾，所有與會的人坐著聽千篇一律的口頭報告。但這種會議並非不可避免，而是一種抉擇。你也可以召開既富於戲劇性、又有意義與連結的會議。你不能光是讓兩個團隊聚在一起，叫他們要團結，你必須讓他們「體驗」到團結。這才是關鍵時刻的意義所在。

第十二章　讓平凡時刻脫穎而出

藉由創造一些珍貴時刻，讓生命不全然是轉頭即忘的枯燥工作和生活。每個非比尋常的時刻，不論是幾分鐘、幾小時、或者數天，都將使生命更具意義！

創造關鍵時刻刻不容緩

一旦你體認到某些時刻有多重要，便可輕鬆把握機會，塑造這些時刻。以等待大學錄取通知的高中女生為例。以往，錄取通知會以郵寄的方式寄達，現在則可能採取電子郵件，雖然對當事人而言，兩者並無太大不同。收到信的那一刻，她覺得胃在翻攪，深呼吸後打開信件，緊張地掃視一遍，看看有沒有關鍵詞。有了！可愛的「恭喜」二字出現在上面。她欣喜地叫出聲音，再看一遍。總共讀了七遍。

這是自豪與提升的卓越時刻。但說實話，大學幾乎不曾用心讓這一刻變得重要。一封信？一封電子郵件？他們能做的就這麼多嗎？別忘了，對青少年來說，這一段等待期正是人生正要展翅起步的典型過渡期，我們該如何加強顛峰的效果？

我們只運用本書提過的工具，便想到了不少建議：

- 寄一件學校T恤、長袖運動衫或帽子給新生，讓學生立刻覺得自己是這個大家庭的一分子。（**增加感官魅力**）這裡必須誇獎麻省理工學院，他們甚至進一步把錄取包裹放進圓筒中，裡頭有一張海報和冰箱磁鐵，最棒的是，還有慶祝時拋撒的五彩紙屑！
- 鼓勵學生把他們穿著學校衣衫的照片，發布在社群媒體上，再加上關鍵字標籤。如此一來，他們便可和其他新生串連起來。（**創造共享的意義**）
- 由招生組主任錄製個人化的影片，直接傳到學生的手機，通知這個好消息：「凱緹，我是要告訴你，我們都非常開心你成為本校的新生！」（**積極回應加深彼此的連結**）好吧，規模較大的州立大學顯然沒辦法寄出這麼多影片訊息，但小規模的學校辦得到，何不利用這項優勢呢？
- 傳簡訊給學生，讓他們知道錄取結果將在傍晚五點五十八分上網公告，他們可以用下方的密碼登入，以增加期待。（**提高賭注**）
- 在新生收到錄取通知的當晚，請某個大一新鮮人寄簡訊給他們道賀，並詢問是否有任何問題。（**積極回應加深彼此的連結**）
- 寄出一組突顯新鮮人經驗的照片，例如：大一上學期一定要嘗試的十件事，包括圖書館的外國電影典藏、健身中心的攀岩牆、返校日的足球賽，或者博物館收藏的文學家情

書……等。（樹立更多的里程碑）

我們設想你會這樣運用本書的點子。鎖定某個片刻，給自己下一份戰帖：我要怎麼提升這一刻？帶動嶄新的觀點？加強歸屬感？人生中有許多時刻就像「裝在信封裡的制式表格」，它們正等著被改造成特別的盛事。

只消多付出一點注意和精力，便能將平凡無奇改造成特殊時刻。我們在前面第一章讀到，高中畢業典禮被改造成關鍵時刻——那不只是畢業生的關鍵時刻，也改變了觀眾席中的六年級小學生！（YES Prep學校的高四生簽約日）還有，再尋常不過的飯店泳池，因為有了冰棒熱線，度假變得充滿魔力。我們也看到了一個小小的行為產生的巨大能量：一名老師誇獎學生，一對夫婦在日記中記錄發生過的爭執，一名牧師給了教牧實習生在守夜禮上布道的機會。我們還發現，重大的改變多半取決於某個片刻：夏波的員工在某棟建築物內聚會，重啟連結。史丹頓的教師到學生家中拜訪家長，是有史以來第一次有人主動聆聽家長們說話。社區衛生的協調員把一根髒頭髮放入水杯中攪動，旁觀群眾在驚駭之餘，也體悟到真相。

這些關鍵時刻的報酬是什麼？它會顯示在財務報表的最後一行，帶給我們豐厚的結果嗎？是的，想想那些真實且具體的結果，不正是為了創造更好的片刻而產生的效應：更多的營收（弗瑞司特的數據、美國西南航空）、更高的顧客滿意度和忠誠（魔法城堡飯店）、更有動力的員工（有關表揚效果的數據）、產值更高的員工（使命感VS.熱情）。還有更多個人層面的報酬：感到更快樂（感恩拜訪）、關係更親密（樂意回應）、自我轉變（在學校經歷了灰姑娘或醜小鴨的時刻；離開舒適圈，獲得洞察力）。

關鍵時刻帶來無數可量化的正面結果，在我們看來，關鍵時刻並不是達成某個目的的手段，實際上，光是這一刻本身就是意義。無關乎未來，此時此刻，無論是為了你的工作、你所關心的人，抑或是為了你自己，創造出這些難忘而有意義的經驗，便已值回票價。試想哪有老師不想設計出讓學生多年後仍回味無窮的一門課？哪有服務業主管不想為顧客創造顛峰經驗？哪有父母不想給孩子歷久彌新的回憶？

但我們雖有心創造這種時刻，卻常因看似更急迫的問題或壓力而被迫中斷。學校行政人員反覆叨念著本州的學校評估就要舉行，於是老師只好停止規劃特別的課程，先應付考試再說。有些顧客抱怨有「坑洞」，經理只好先不管正在構思的顛峰時刻，趕忙去回應客訴。

我們總是把「解決問題」排在「創造重要時刻」之前，短期看來似乎是划算的交易。但時間一久，就有反效果。布朗妮・維爾（Bronnie Ware）是安寧照顧的護士，照料生命只剩最後幾星期的病人，曾寫過一篇令人動容的文章，叫做「臨終者的遺憾」。這些病患最常見的五種遺憾，分別是：

一、我真希望自己有勇氣過忠於自我的生活，而不是別人期待我去過的生活。（大多數人甚至連一半的夢想都不曾追求過，總是到了臨終才明白，之所以搞成這樣，起因是自己曾做下的決定，或沒做下的決定。）

二、我真希望自己沒這麼賣力工作。

三、我真希望自己有表達內心感受的勇氣。（許多人壓抑自己的感受，避免與他人起衝突。）

四、我真希望自己沒跟朋友斷絕聯繫。

五、我真希望我能讓自己快樂些。（**許多人直到生命盡頭才領悟到快樂是一種選擇。他們終生擺脫不了固定的模式和習慣。**）

驚人的是，本書中介紹的諸多原則均可解決這些常見的遺憾：

一、努力延展，發掘自己的極限；

二、經常想到要為自己的人生創造高峰（**或按尤金．歐凱利的說法：完美的時刻**）；

三、誠實溝通，以此鍛鍊勇氣，而第一步便是尋覓願意給予回應的另一半；

四、連結的價值（**以及創造顛峰的困難**）；

五、創造提升的時刻，別按照腳本走，試著擺脫舊有模式和習慣。

維爾的病人只顧滿足眼下的需要，卻沒能追求未來的夢想。人這一生，很可能想方設法地解決各種難題，卻忘了將創造高峰這件事放進行事曆裡。

把「頓悟」化為行動力

最後，我們想分享我們在研究過程中有過的「洞察時刻」。起因是有個叫做朱莉．卡司登的女子，告訴了我們一個故事。

朱莉說，一九九九年，她在位於哥倫比亞特區的公司工作，坐在辦公室小隔間的座位上，偷聽到旁邊隔間的女人說話。

二十四歲的朱莉任職於一間頗負盛名的顧問公司，由於對行銷傳播工作很有興趣，於是大約在一年半前她進入了這間公司。她座位的隔壁是一個保留給從外埠來訪主管的小隔間。朱莉不認識那天用那個小隔間的女人，但她改變了朱莉的人生。

「她穿著俐落……藍色的褲裝剪裁合宜，優雅幹練，在訪客中顯得特別與眾不同。」朱莉說。「她待在這裡的大部分時間都在講電話。但她對工作的熱誠令人印象深刻。」

「我知道她正看著四周光禿禿的牆面，就跟我一樣。但她處事相當遊刃有餘，而且顯然樂在其中。」

朱莉突然想到，倘若她升遷，日後她得做這個女人現在的工作。

接著，她就被下一個竄起的念頭嚇到了。

她越說越熱切，但我越聽卻越覺得無聊。如果這個職位帶來的成功就是這樣，我才不想要。

「我想像自己就像她那樣，」朱莉說，「但談著別的事。」

那一刻，她知道自己要辭職。

於是，朱莉開始策劃離職的事。幾個月後，她去找一位生涯顧問，希望找到比較符合興趣的工作。她的人生有了第二次轉變。

顧問聽她敘述內心的渴望，建議她利用人格測驗和技能評估等工具，找出真正想做的工作。根據這份數據，建議了幾種可能適合她的工作。但朱莉心意已決。她記得自己望著這位顧問，心想：我想要的就是你此刻在做的事。

數月後，一九九九年秋天，朱莉進入諮商研究所就讀。截至二〇一六年，她擔任生涯顧問已經有十四年。

兩個如閃電劃過天際的時刻，改變了朱莉的職涯。它們都無從預見，就這麼發生了，她把握並進而採取行動，而人生立刻變得不同。

朱莉的經驗是典型的「不滿的結晶化」時刻，我們曾在第五章提過。我們好奇的是她頓悟真相的那一瞬間，也很想了解其他人類似的頓悟是怎麼發生？於是便將朱莉的故事寄給了我們「電子報」的訂戶，詢問大家是否曾遇過類似的事。這個問題觸動了許多人，我們收到了超過四百封回覆，有不少是個人的親身經歷，包括婚姻破裂、愛情重生的故事，也有放棄某個職涯、投入另一段職涯的故事。[15]以下是幾個有代表性的故事：

● 蘇列許・密思崔在位於倫敦的勞埃德銀行擔任襄理。他每天坐在辦公桌前處理「違反規定」的報告，上面列出每一個財務透支或超過貸款上限的企業客戶。他必須決定要讓哪些人的支票被退票，或者讓他們通過。坐在他對面的是經理，同樣面對著一份「違反規定」報告。「唯一的區別是，他那份報表上的數字多一個零。」密思崔說，「我處理一萬英鎊的款項，他處理的是十萬英鎊。就在那時，我看到角落裡的玻璃辦公室，處長坐在一張大辦公桌後方，面前放著一頁紙。沒錯，你猜到了，他得處理的是一百萬英鎊。我彷彿看到了自己的未來，覺得一陣絕望。」不到一星期，密思崔便申請調往銷售行銷部門，如今他已經在這個領域開心地工作了二十多年。

● 華倫．泰伯特和妻子貝西都是三十七歲，跟幾個朋友在西雅圖的某間餐廳共進晚餐。席間有人問：「如果你們知道自己活不到四十歲，你會怎麼做？」華倫和妻子彼此互望，完全沒有詢問對方，便回道：「我們會環遊世界。」這個問題對他們來說不是隨便的閒話，由於泰伯特夫婦的好友因為腦內動脈瘤住進了醫院，兩人體悟到生命有多短暫。翌日早晨，他們設定兩年後的今日，即二〇一〇年十月一日，開始環遊世界。在那兩年間，他們著手計畫、存錢，賣掉手上的所有東西，就在設定好的日期離開了西雅圖。他們的第一站：厄瓜多北部的夯土房屋。「我們有三年多的時間整天旅行。」泰伯特夫婦在給我們的回覆中寫道，「現在我們在西班牙南部的山丘間有一棟房子，平時住在那裡。現在我們倆已經四十五歲，依舊持續探索這個世界，對於八年前那一晚做出的決定，從未感到後悔。」

● 南西・夏芙露年近三十，在家照顧兩個小孩。丈夫才剛診斷出有癌症。某天早上，她坐在門廊前，啜著咖啡，想著待會兒就要開始一天的工作。「那時我突然領悟到，」她寫道，「我可能要獨力扶養兩個小孩。我沒受過良好教育，沒有一技之長，如果沒有丈夫在側，真的是孤立無援。那是讓人震驚的一刻，猶如晴天霹靂。」於是她決定回學校念書，學習投入職涯所需的技能。但她形容自己去辦理註冊時「兩腳發軟」，焦慮又膽怯。走到行政大樓時，緊張驚慌到流淚，便直接轉身回家。「我回到家，一走進家門時就看到兩歲的女兒在跟爸爸玩耍。我問自己：『如果我連註冊一門大學課程都辦不到，我要怎麼鼓勵自己的女兒追求更多？』於是，我又再回學校去。」沒多久，她讀完了大學和研究所課程，接著自行創業，然後把公司賣掉，目前的工作是專為女性企業家和老闆提供創業的忠告。

我們一開始讀這些深具力量的故事時，覺得讀到的是某種頓悟，或恍然大悟（啊哈！我知道了！）的瞬間。但當我們更深入閱讀之後，才體認到：這些故事要說的並不是驀地醒悟的瞬間，而是行動。

朱莉去拜訪生涯顧問；密思崔申請調換部門；泰伯特和妻子定下周遊世界的日期；南西・

夏芙露轉身回大學去辦妥註冊手續。

看似湊巧的機緣其實多半是展現意向的一刻。我們深信，朱莉和密思崔這些人震驚地發現了新觀點，其實是赫然體認到自己能夠「採取行動」，然後刻意讓人生朝新方向奔去。他們並不只是「接收」新的一刻，而是更進一步「抓住」它。

這便是重大的分野。有些關鍵時刻是精心策劃而成，但我們也遇過許多關鍵時刻，需要我們立刻投入：一群飯店員工發現小男孩忘了帶走的長頸鹿玩偶，決定為他做一件特別的事。某個男人打算和同事培養交情，而不僅止於寒暄，這才發現他們有許多共通點。負督促之責的醫生決定陪著目睹不幸意外的精神科實習醫生，度過那個夜晚。

這是我們希望你從本書中汲取的道理：隨時注意這些蘊含無限可能的時刻。這些時刻不見得需要「製造出來」。是的，我們檢視過某些需要花大量時間金錢去籌備的時刻，比如夏波的全體員工大會、高四生簽約日，以及人性審判。而且，若想好好提升某個片刻多半需要相當的努力。比方說，審判不在學校餐廳、而是在法庭上進行，這個很重要。但別忘了，這些是一年一度的活動！

然而，本書中有許多時刻是自然發生，也不耗成本，是天天出現的那一類時刻。你誇獎某個同僚巧妙處理客戶的突發事件。（表彰他人）吃晚餐時，你問小孩：「你這星期搞砸了什麼事？」（離開舒適圈，獲得洞察力）你跟同事決定下班後一塊去吃杯子蛋糕。（不按腳本走）

彌足珍貴的時刻往往花費最少。二〇〇七年六月，達西・丹尼爾的三歲女兒溫蒂有天胃痛。他們住在佛蒙特鄉間小鎮，附近有位醫生發現她有嚴重的大腸桿菌感染，病況一發不可收拾：她的腎臟均已敗壞，一連幾星期做血液透析。由於胃痛嚴重，她兩度移除一部分的結腸，多次手術引發的感染造成心臟衰竭，她做過急救及心肺復甦，而且亟需做腎臟移植手術，雖然許多人自願捐腎，卻沒有一個配對成功。

她在醫院度過了萬聖節。應景的服裝只能蓋在身體上，因為全身插滿了管子，無法穿上。感恩節來了又過了，十二月某一天，數日後便是聖誕節，外頭開始飄雪。對一個家鄉在佛蒙特的孩子來說，只能透過窗戶看著雪花，真的很殘忍。溫蒂很愛堆雪人、坐雪橇滑行，但她卻已經兩個月沒踏出病房了。

護士長寇芮・弗格蒂，和病人服務助理潔西卡・馬希暗中策劃。既然溫蒂不能出去玩雪，那麼不如把雪帶到她面前。但事情沒那麼簡單。溫蒂的心臟有問題，醫護人員一直在監控她喝的水量，一毫升都不能出錯。於是潔西卡拿著嘔吐桶去外頭，裝滿了雪，秤好重量，讓它融化，再倒入標有刻度的量筒裡。現在她們知道如何將雪的重量換算成水的容量。所以，她們再出去重新裝滿同樣分量的雪，這樣就算溫蒂全部吃下去——三歲孩童很可能會把它吃掉——也不會有事。

當她們把裝著雪的碗端進溫蒂病房時，溫蒂滿臉驚喜。「我從未在孩子的臉龐上見過這種欣喜和純粹的天真。」馬希說。

「你能想像嗎？」達西說，「一個孩子，幾個月來只能待在病房裡，聽著儀器、蜂鳴器、電視，還有空氣打進去的噓噓聲，看著用塑膠套保護的病床，和掛在她頭部上方的聽診器，但此刻，從天而降的一碗雪？……這是快樂，是無與倫比的幸福啊。她覺得這是世上最棒的事了……讓她想起家裡。」

溫蒂漫長的夢魘終於結束了。她進行腎臟移植，手術很成功。從那之後，她恢復健康，會踢英式足球、參加鐵人三項競賽，還在專為器官移植病患舉行的奧運會上，贏得不止一面獎牌。值得慶幸的是，這些生病的痛苦經驗她已經想不太起來，只有她母親還記得。

多年後，達西在部落格裡寫到那一桶雪：「如今回想起那些被無私的愛心環繞的時刻，至今心中仍感懷不已。也許我們會逐漸淡忘那段每天千篇一律，等待康復的漫長時光。但當愛被點亮的那瞬間，永遠令人難忘。」

關鍵時刻就像是這樣。兩名護理人員變出了這個既體貼，又洋溢著趣味和充滿情感的魔術，初衷僅是她們覺得生病的小女孩也有權利暫時逃離現實，喘一口氣。

但對所有人來說，這就像是一股電荷：藉由創造一些珍貴時刻，使生命不全然是轉頭即忘的枯燥工作和生活。

假如世上每個組織都給新員工一個難以忘懷的到職日體驗，會怎麼樣？

假如每個學生都有媲美畢業舞會般的課堂經驗，會怎麼樣？

假如有人肯詢問病人的意見：「對你來說，重要的是什麼？」會怎麼樣？

假如你現在就打電話給那個老友，讓那場旅行真的成行，又將如何？

假如我們不光是「記得」生命中的關鍵時刻，還能「創造」更多這種片刻，又將如何？我們能夠設計出帶來提升、洞察、榮耀與連結的時刻。這些非比尋常的時刻——不論是幾分鐘、幾小時、或者數天——都將使生命更具意義！所以，我們必須把它們創造出來。

想了解更多嗎？

假如你讀完了這本書，卻渴望知道更多，請上我們的網站：http://www.thepowerofmoments.com。一旦你訂閱我們的「電子報」，便能立刻看到以下的免費資料：

- 一頁的概述（1-Page Overview）：這份概述簡單說明了提升、洞察、榮耀與連結的架構，而且可以印出來，用圖釘釘在書桌旁，剛好。
- 讀書會指南（The Book Club Guide）：如果讀書會剛好挑選了這本《關鍵時刻》，這裡有份指南列出了一些問題和主題，將有助於引導大家討論。
- 推薦閱讀清單（Recommended Reading List）：當然，本書的所有資源均已列在註釋中，供讀者利用。但我們額外整理出最實用或引人入勝的八本書與數篇文章，在這份清單裡做補充。
- 屬於朋友與家人的關鍵時刻（The Power of Moments for Friends and Family）：此處彙整了各種鼓舞人心的例子，使我們明白如何與身旁的人分享更多非比尋常的時刻，包括了慶祝生日和週年的點子、更多阿圖・亞隆式的問題、有關「週六驚奇」的具體事例（見第四章），以及我們應該接納的其他文化傳統，不一而足。

● 本書的播客節目，由本書的兩位作者錄製簡短音檔，深入探討了下列主題：

— 教育的關鍵時刻
— 醫療保健的關鍵時刻
— 顧客體驗的關鍵時刻
— 對員工來說，有哪些關鍵時刻

附錄

面對創傷的經驗

我們很遺憾你正在讀這個章節。不管你面對何種問題，別忘了其他人也曾有過類似經歷，而這些人的經驗有可能讓你借鏡。假如你尚未走出創傷。

眾所周知，創傷經驗會造成巨大的痛苦和難關，但少有人知道，這類經驗在某些情況下將帶來正面的成長，這種現象叫做「創傷後成長」。這種成長並不會沖淡悲劇的悲哀，也無法治癒內心深層的傷痛。但心理學家理察・泰得錫（Richard Tedeschi）與勞倫斯・卡霍恩（Lawrence Calhoun）已經發現，「巨大痛苦可能產生極大的益處」。

有紀錄顯示，創傷後成長可能出現在喪偶者、久經戰事的老兵、被迫逃離家園的難民、罹患愛滋病毒或癌症的病人、孩子生了重病的父母，或曾經遭受性侵或性虐待的人們身上。某些研究早已發現，相較於未經歷創傷的人，創傷倖存者身上更容易出現比較正面的變化。

以下是從巨大痛苦中找到益處的五項建議。之所以提出這些建議，是因為倖存者的正面成長往往出現在這五個面向。（五大面向引自泰得錫與卡霍恩的著作，兩人專門研究創傷後成長。這份附錄的文字大多摘錄自兩人合寫的某篇評論文章，請見本篇末尾。引用文字則表示全出自該篇評論。）

●尋找小小的高峰。

經歷過創傷的人常說自己比以前更懂得享受生活中的小事，像是繽紛的花園、濃郁的咖啡、和小孩共度的早晨。漢米爾頓・喬丹（Hamilton Jordan）曾擔任柯林頓總統的顧問，說：

> 我初次罹癌後，即使是最微小的日常喜悅都開始帶有特別的意義：欣賞瑰麗的晚霞、孩子給我的擁抱、和妻子朵樂西一起笑。這種感覺並未隨著時間而遞減。隨著癌症一次次復發，就越發現生活中隨處是簡單的喜悅，而且無窮無盡，因為我珍惜家人和朋友，盤算著如何度過餘生——每一天都彌足珍貴。

地質學教授莎麗・沃克遭遇空難，八十三名乘客喪生，但她活了下來。她說：「我回到家時，覺得天空看起來更明亮，還注意到人行道的觸感，猶如置身於電影中……（如今）每一樣事物都是恩賜。」

第三章提到了尤金・歐凱利的故事，他被診斷出末期腦癌，獲知只剩下三個月可活。他的因應方式是創造一連串跟知己良朋共度的「完美時刻」，比如共進愉快的一餐後，再去中央公園散步。這些特殊時刻讓他得以把「一星期活成了一個月」，令他驚嘆不已。

●讚頌並尊重他人的情誼。

有個母親說起兒子離世的事：「他死後，許多人突然現身幫忙」，讓她重新對朋友湧現了感激之情，也更加珍惜丈夫。

並不是每個朋友都會積極伸出援手。有不少創傷倖存者表示，人在艱難時刻，才知道誰是真正的朋友。一旦他們汰棄了冷淡無情的朋友，只把心力與情感託付給樂意支持的好友，往往覺得更安心，備受疼惜。他們還發現自己對於正在受苦或悲哀傷心的人，更富有同情與同理心。

我們在第十一章討論過培養親近關係的幾種方式，包括了「樂於回應」的概念，意思是當伴侶試著了解、認可、關懷對方，兩人的關係會增溫。身為創傷倖存者，你更適合給予他人回應，因為你明白倖存者經歷過什麼。你更能夠理解體諒他們的想法和反應，因為你也曾努力擺脫不幸帶來的影響。你知道用哪些溫柔的方式給予支持，而這並不是一般人能辦到的。

比方說，許多失去孩子的父母發現朋友最後都不再提起那個孩子，唯恐一提到就會引起痛苦的回憶。但痛失子女的父母都知道，心中仍會常常想起那個孩子。所以，類似「馬克一定會喜歡來這裡度假／這場足球賽／這部新車」的話，聽在對方耳中很可能是體貼和暖心，而不是傷疤被掀開。

●明白自己擁有力量。

痛失子女的父母會說：「我可以把事情處理得更好。以前覺得很嚴重的事，現在也覺得不算什麼了。」人們會利用創傷來測試自己的能耐，是否吃得了苦，堅持不懈？許多人也會說：「要是我能搞定這件事，大概就沒什麼事難得了我了。」

我們在第六章介紹過一位年輕的精神科醫師麥可・德寧，他因一名病患在他值夜時自殺而責怪自己。一位猶如導師的醫生整夜陪著他，他因而發現自己足以撐過痛楚和自我懷疑。這次的經驗促使德寧下定決心成為導師。數十年來，他也帶給了其他人力量，讓他們知道自己能夠克服困難。

●發現新的可能。

有時候，正在承受創傷的人會在人生中看到新的可能：新工作、新的熱情或新的一連串行動。

康乃爾大學的醫療社會學家，伊蓮・威辛頓（Elaine Wethington）發現，曾被公司裁員的人，有三分之一認為此事對人生有正面影響，而近百分之四十五生過重病的人也這麼說！這並非否認另外三分之二受訪者的意見，僅是表達這些人發現了，當一扇門關閉，另一扇門就開了。

● **尋求心靈的獨特觀點**。

許多創傷倖存者在困頓時，藉由靈修找到了安慰。有一個人說：「我相信是神帶領我走過困境。五、六年前，我沒有這些信仰，而現在，少了祂我就不曉得該怎麼辦了。」學者泰得錫與卡霍恩表示，即使是沒有宗教信仰的人也會「積極思索基本的生存問題，而『積極思考』本身可視為成長的明證。」

上述討論絕非表示撫平創傷很簡單，或者你應該把精力放在提升自身的「成長」上面。以下這番話引述自曾痛失愛子的猶太「拉比」哈洛德・庫許納，清楚表達了「雖希望悲劇從未發生，卻很高興有了成長」的含意：

> 艾倫早夭一事使我變得更善解人意，成為更好的牧師，在聆聽他人問題、提供建議時更有同情心。若非經歷過這種痛苦，我不可能變得這麼好。如果能讓兒子回到我身邊，我願意毫不猶豫放棄這一切。假如我能夠選擇，我會放棄這份經驗所帶來的心靈成長與深度……但我無從選擇。

其他閱讀清單

若想更了解這份附錄引用的學術研究資料，請參見：理察・泰得錫與勞倫斯・卡霍恩於二〇〇四年發表的〈創傷後成長：概念基礎與實證證據〉（Posttraumatic Growth: Conceptual Foundations and Empirical Evidence），刊於《心理學探究》（*Psychological Inquiry*）第十五卷，頁1-18。兩位研究者針對創傷後成長加以測試，稱之為「創傷後成長量表」（Posttraumatic Growth Inventory, PTGI），上網便可找到。我們還推薦亞當・格蘭特與雪柔・桑德伯格合著的《擁抱B選項》，也非常棒。亦可參看：

* Jane McGonigal (2015). *SuperBetter: The Power of Living Gamefully*. New York: Penguin.

* James Pennebaker and John Evans (2014). *Expressive Writing: Words That Heal*. Enumclaw, WA: Idyll Arbor.

致謝

我們非常感謝在本書初稿階段惠賜意見的讀者。各位的協助絕非舉手之勞，而是需要花上數小時讀一本尚嫌草率的書，告訴我們哪部分寫得好，哪部分有待改善？參考各位正面的評語，我們才得以能做些重大修正與不計其數的小修改（包括刪去很多難笑的笑話，以免其他讀者受害）。曾參加我們在哥倫比亞特區、亞特蘭大與紐約舉行的小組討論的各位，也請接受我們的謝意。幸賴各位的想法，本書才有了這麼大的進步，希望大家都看得出來。

本書納入了某些人與我們分享的想法或故事，在此也要向他們誠摯道謝：謝謝喬・麥坎能（Joe McCannon）特意提出「共同奮鬥」的概念；謝謝奈拉・加西亞（Nella Garcia）與馬克・迪貝拉（Mark Dibella）與我們分享簽約日的故事；謝謝薛柔・芙格森（Cheryl Fergerson）、愛狄・西蒙思（Addie Simmons）與維克特・馬塔（Victor Mata）分享了他們在二〇一六年高四生簽約日發生的事；謝謝安琪拉・達克沃斯（Angela Duckworth）與蘿倫・艾斯葵－溫克勒（Lauren Eskreis-Winkler）所給的靈感及研究建議；也謝謝弗瑞德・豪斯頓（Fred Houston）

分享了勤業眾信的退休傳統；要感謝帕翠西亞・德寧（Patricia Dinneen）代為引介麥可・帕摩，謝謝羅伯特・普羅文（Robert Heuermann）有關碳棒的提示；謝謝威廉・傅茲（William Fultz）提出藏寶盒的點子；謝謝麥特・迪克森（Matt Dixon）和我們討論出現在第三章的攻守概念；謝謝「拉比」那夫塔里・拉凡達（Naphtali Lavenda）分享了猶太教拉比進行角色扮演的故事；謝謝梅根・伯恩斯（Megan Burns）鼓勵我們鑽研弗瑞司特顧問公司的數據；也感謝蘿拉・崔姆（Laura Trimm）和羅克撒娜・斯卓曼潔（Roxana Strohmenger）幫我們分析數據；謝謝法蘭克・圖里（Frank Tooley）、凱媞・伯恩頓（Katie Boynton）和麥克・歐弗理（Mike Overly）協助我們解開飛安廣播詞的謎團，並向西南航空據理力爭（嗨，法務部門！），我們這才得以獲准說出這則故事；也感謝伊萊・芬柯（Eli Finkel）敏銳地點出「樂意回應」是連結不可或缺的要素，我們這才將它納入。

在成書過程中，還有一些人和我們談論過關鍵時刻的諸多不同面向，給予我們幫助。謝謝余舜（Soon Yu）、保羅・曼羅尼（Paul Maloney）、戴倫・羅思（Darren Ross）、布里姬・史戴伊康普（Bridget Stalkamp）和梅根・伯恩斯（Megan Burns）。

也謝謝羅娜・利普斯（Lorna Lippes）與瑪雅・法樂盧（Maya Valluru）在研究方面給予協助（尤其是整理網路上幾百筆有關服務體驗的評論）。我們要特別感謝克莉斯緹・唐納爾（Christy Darnell）處理讀者的意見回饋，戴夫・凡斯（Dave Vance）令人捧腹的靈感，以及彼得・葛里芬（Peter Griffin）神奇的編輯功力。

我們深感幸運，能有克莉斯媞・弗萊屈（Christy Fletcher）和Fletcher & Company團隊這樣的好夥伴。如今和Simon & Schuster公司合作，在此遇到我們的第一個編輯班・洛罕（Ben Loehnen）。班，謝謝你為我們編輯了第一本書，現在又負責第四本的編務。

若沒有（非常樂意回應！）家人給予關愛和支持，我們不可能完成任何一項工作。我們愛你們：媽媽、爸爸、Susan、Susan Joy、Emory、Aubrey、Amanda、Josephine、Oksana、Hunter，還有Darby。

譯註

第一章　決定性的一刻

1 不滿的結晶化（crystallization of discontent）此研究結果顯示大部分人都想要變得更加外向、更具親和力、能控制自己的情緒，又或更能接受新事物。當人們認識到自身的缺點已形成某種一般性的模式時，他們便會修正自己的核心價值及偏好，以便為某些改進作辯護。

2 你可能已經注意到，若將洞察（insight）和榮耀（pride）對調順序，這四個要素的開頭字母便會產生一組縮寫詞：EPIC（史詩，引申為壯闊或很棒的意思）。以本書的性質來說，使用縮寫詞有助於記憶，卻不免流於世俗。以前我們認同這種做法，因此先前的書也用了兩組縮寫詞，好幫助讀者回想相關的框架。但這次，我們決定不再這麼做。首先，這本書並不是勸你追求史詩般「壯闊」的時刻。你讀到的某些故事也許是屬於這一種，但更多的是微小的、個人的，痛苦卻深具轉變力量的小故事。Epic 一字似乎太宏偉又太淺薄。還有一點，不過這是個人的毛病，每當我們看到epic一字，就會聯想到嗑藥的衝浪客嚷著「棒呆了！」（現在你懂我們的意思了，對吧？）總之，如果EPIC這個縮寫詞能幫助你記住四大要素，請笑納。但我們之後不會再提。

第三章　創造驚艷時刻

3　值得一提的是，喬赦斯和貝德芙都非常樂意與他人分享榮耀，認為大力支持的校長和校園氛圍也有功勞。兩人表示：「這份成果要歸功於許多前輩的思想結晶，我們做的僅是為求他們把自己當成故事的主角。」

4　⑴方法論：這項數據納入了十六種產業的分析結果，包括航空公司、汽車製造商、汽車與房屋保險、個人客戶銀行、直銷銀行、汽車租賃、信用卡、健康保險、飯店旅館、電腦製造商、貨運／包裹寄送、傳統零售業、網路（無實體店面）零售、網路服務供應商、電視服務供應商，以及無線廠商。當然產業之間不可一概而論，但我們引用的基本模式頗為一致。⑵當然也會出現不同的意見。你可能會想：「倘若不花點時間專心解決他們的問題，萬一不滿意的顧客到處說壞話怎麼辦？」弗瑞司特評估過這種效應，發現會勸其他人別用這個品牌的顧客其實極少。亦即負面口碑的效應往往微乎其微，研究人員最後都會將之從這個模式中排除。

5　我們要補充說明一點。當我們越了解弗瑞司特團隊，就越明白我們彼此的見解頗為一致，於是雙方更進一步發展出諮詢合作的關係，以協助公司提供更好的顧客體驗。截至本書付梓，這項合作尚未正式拍板，但彼此對於幫助客戶建立高峰的想法，都很有興趣。

6 增加感官魅力無須奢侈鋪張，不然，錢很可能用錯地方。美國埃默里大學研究人員調查了三千人的婚禮狀況，發現婚禮越奢華，離婚機率越高。當然這並不全然代表因果關係，所以如果你正在籌辦婚禮，不用擔心太多花束會對婚姻不利。調查結果提醒我們，重點要擺在意義而非金錢。譬如，對比花費一千美元與三萬美元的婚禮中，一個是在別具意義的地點，一個則是在華美卻尋常的宴會廳，哪場婚禮會更能讓人感受到新人「親手創造」的況味，而非刻意營造？

第五章　真相就在眼前，我們卻視而不見

7 卡爾認為不該淡化「屎」（shit）這個字，無論是改成糞便（feces）之類的醫學名詞，或是說給小孩聽的「便便」（poop/ doodoo）皆不妥。因此他每回到新國家工作，一定用當地最粗俗的字眼來稱呼「屎」。他希望用字讓人感到震驚。

第六章　自我覺察三步驟：頓悟、接納、成長

8 Vocation Vacations 已經轉型為 Pivot Planet，重點是訪問，而非親自去現場參觀。

9 只希望你知道我們提到 Spanx 時，忍住了開玩笑的衝動，畢竟這一章談的正是 stretch。（＊

stretch，在本節譯為延展，也常被用來形容緊身褡。）

第七章　表揚他人的成就

10 在夏令營期間，學生們去田納西州的蓋特林堡進行校外教學，其中參訪的某處有座錄音棚，能讓人在那裡唱一首歌曲，離開時帶走那首歌的卡帶。史露普和兩個朋友抱著好玩的心態，錄了披頭四的〈我想牽你的手〉，並在搭公車返回營地的時候，說服公車司機播放那首歌。公車上一個男孩聽這首歌，非常喜歡，而且他記得那是他頭一遭真的注意到凱拉。那個男孩叫做羅斯・史露普。

經過五次夏令營的相處，九年後，再加上之後某次不得了的巧合，他會開口向凱拉求婚。那個「不得了的巧合」是什麼呢？大學畢業後，凱拉在一間家用錄影帶出租店上班。某天有位叫做艾德・斯洛侃的顧客還了一支錄影帶，凱拉進入店裡的顧客資料庫，標註這支帶子「已還」時，碰巧注意到清單上，斯洛侃正下方的名字是羅斯・史露普，她當年的夏令營同伴。於是她抄下他的電話號碼（這無疑觸犯了個資法）並打電話給他。如同他們所說，之後的事大家都知道了。

11 《辛普森家庭》有一幕很棒：荷馬是核電廠中唯一沒得過「本週最佳員工獎」的人。核電廠老闆「郭董」召來所有員工，宣布當週的獲獎者：「我不敢相信我們竟然忽略了這位得主這麼久！」站在眾人當中的荷馬露出微笑，顯得手足無措。郭董說下去：「若沒有他不懈的努力，我們根本沒辦法運作。好！請大家掌聲鼓勵，得獎者是：沒生命的碳棒！」這根碳棒在眾人的歡呼聲中（除了荷馬），領取了紀念獎牌。

第十章　創造共享的意義

12 原本應於二〇一六年召開的第十六屆全體員工大會，因護士工會揚言要罷工而取消（最後並未真的罷工）。在此提出兩點評論：⑴一群抗議護士高舉寫著「我們是夏波經驗」的旗幟，上街遊行。其中一項訴求是調高薪資，以挽留資深護士，據她們說資深護士是最能提供夏波經驗的人。經我們仔細評估，這次恫嚇性質的罷工反映了常用的磋商技巧，而非重新省思夏波這十五年來已經變成了何種面貌。⑵帶來意義的時刻很重要。換做是我們，即使有可能遇上罷工，仍將與領導高層商議，想盡一切方法繼續召開全體員工大會。要把它當成神聖領域來對待，正如彼此不合的國家仍然會在奧運場上較勁一樣。這場大會是共享目的與意義的時刻，病人的福祉應當凌駕一切之上，就算夏波職員之間有重大的意見分歧也一樣。

第十一章　建立深刻的連結

13 另一個缺乏回應的例子，只消看看你的青春期孩子就知道。你說了某句話，正值青春期的孩子要不是壓根沒聽見，便是沒辦法將你的清楚指令轉化成有條理的行動（拒絕理解）。

若你試圖將方才的要求說得更清楚，他就會翻白眼（拒絕認可）。有時只要簡單說一句「好，知道了」就很有幫助，他卻以「隨便啦」來總結這次對話。（「隨便啦」的背後代表的意思是抗拒一切事物。）

14 撇開玩笑不提，《鑽石求千金》這類節目很擅長煽動一觸即發的愛情（連結的時刻），原因我們稍後會說明。但值得注意的是，節目製作人輕而易舉帶動了提升的時刻方式，像是這裡有美景佳餚（增加感官魅力），加上新奇的體驗（不按照腳本走），以及競爭產生的興奮（提高賭注），在在是典型的建立高峰手法。

第十二章　讓平凡時刻脫穎而出

15 怕你誤以為我們有許多熱心的讀者，樂意回應我們提出的每一個疑問，在此前我們有份電子報，請大家提供做出決定的故事，其實，當時只收到兩份回覆，其中一份還是丹心急之下做的測試，想確定調查工具是否有正常運作。

所有研究均肯定極端時刻的重要性（顛峰與低谷）。誠如凱里・莫爾維基（Carey Morewedge）在評論「預期效用」文章中所言，若要棒球迷回想一場棒球賽，通常只會想起最精采的那場比賽。若要做結腸鏡檢查的病患回想檢驗過程，他們往往只記得最痛苦的時刻。若要去加州旅遊的度假客回想為期三週的騎自行車旅程，他們通常會想到最美妙的時刻。

正如我們在第一章所說，我們認為與其強調「峰終」，不如從「顛峰和轉變」的角度去思考。其中一個理由是，所謂的開始和結束有時難以分辨。另一個理由是，大量研究證實了「開始」很重要。我們提過，大學時代的回憶有百分之四十和九月有關，另一項數據是，比起大三一整年，大一開學後的六星期更使人多年後回想不已（這表示不必花那麼多錢念大學）。

一般而言，證據顯示某次經驗一開始的資訊更易引起注意，也被賦予更大的重要性。記憶往往顯現出初始效應（對於一連串事件的開端最有印象）與新近效應（容易記住事情的結尾）。「對他人的觀感」的研究顯示，互動的第一印象幾乎決定了一切。

若想大致了解「預期效用」迄今所做的研究，參見凱里・莫爾維基於二〇一五年發表的〈效用：預期、體驗與記憶〉（Utility: Anticipated, Experienced, and Remembered）一文，收錄於吉第安・奇倫（Gideon Keren）與伍浩平（George Wu）編輯的《判斷與決策的入門手冊》（*The Wiley Blackwell Handbook of Judgment and Decision Making*）一書，頁295-

註釋

第一章　決定性的一刻

18　**YES Prep的簽約日：**丹於二〇一五年二月採訪了唐諾・卡曼茲，翌年五月採訪了克里斯・巴比克，並且和兩人透過電子郵件，取得了這則故事的大部分資料。另外一部分資料來自於二〇一六年五月在休斯頓舉行的簽約日典禮（丹有出席），以及同年七月與瑪拉・法耶的訪談。

24　**盛滿攝氏十四度冷水的桶子：**冰桶研究、峰終概念與過程忽視，Daniel Kahneman, Barbara L. Fredrickson, C. A. Schreiber, and D. A. Redelmeier, "When More Pain Is Preferred to Less: Adding a Better End," *Psychological Science* 4, pp. 401-5.

26　**記得重大時刻：**即顛峰、低谷，以及轉變的時刻。曾獲諾貝爾經濟學獎的心理學家丹尼爾・康納曼先是在一九九〇年代發表了好幾篇有趣的論文，開始了這項研究。論文探討的主題包括人們觀賞短片的體驗，以及病患做結腸鏡檢查的感受。

營運長兼總經理。文中顧客的評論數字則是取自二〇一七年一月二十日上網http://www.tripadvisor.com/Hotel_Review-g32655-d84502-Reviews-Magic_Castle_Hotel-Los_Angeles_California.html搜尋的結果。

第二章　以「片刻」為單位進行思考

35　**手套裡塞滿凶猛、愛叮咬的子彈蟻：**參見http://www.globalcitizen.org/en/content/13-amazing-coming-of-age-traditions-from-around-th/

36　**強鹿公司的到職日體驗：**丹於二〇一六年一月訪問拉妮·羅倫姿·弗萊，之後繼續互通電子郵件，獲得這則故事的資料。並分別於二〇一五年十二月、二〇一六年一月，與路易斯·卡邦、穆柯·法胥尼（印度辦公室）各進行一次訪談。

38　**「翻轉婚禮」的故事取自於肯尼斯·多卡：**丹於二〇一六年一月訪問多卡。

40　**新年新希望／「新起點」理論：**凱瑟琳·米克曼的那段話是引述自蘋果橘子經濟學的播客節目，某次史蒂芬·都伯納（Stephen Dubner）與她的訪談：http://freakonomics.com/2015/03/13/when-willpower-isnt-enough-full-transcript/　健身中心的數據擷取自戴恆晨（Hengchen Dai）、凱瑟琳·米克曼（Katherine L. Milkman）與傑森·里斯（Jason Riis）於二〇一四年發表的〈新起點效應：時間界標激勵人們採取更具抱負的行為〉（The Fresh Start Effect: Temporal Landmarks Motivate Aspirational Behavior）一文，刊於《管理科學期刊》

300。

丹尼爾・康納曼和D・A・瑞德麥爾於一九九六年發表了結腸鏡檢查的研究論文，名為〈病患對於痛苦醫療處置的記憶：以兩次微創治療的即時評估與回顧評估為例〉（Patients' Memories of Painful Medical Treatments: Real-time and Retrospective Evaluations of Two Minimally Invasive Procedures），刊於《疼痛期刊》（*Pain*）第六十六卷之一、頁3-8。冷水實驗出自於丹尼爾・康納曼（Daniel Kahneman）、芭芭拉・L・佛列里克森（Barbara L. Fredrickson）、查爾斯・A・史奎伯（C. A. Schreiber）與唐諾・A・瑞德麥爾（Donald A. Redelmeier），於一九九三年發表的〈寧願受更多苦，只要加上一個好結尾〉（When More Pain Is Preferred to Less: Adding a Better End）一文，刊於《心理科學期刊》（*Psychological Science*）第四卷第六期，頁401-5。大衛・B・庇里默（David B. Pillemer）在二〇〇〇年出版的《重大事件的鮮明回憶：難以忘懷的時刻如何幫助我們了解自身生命的意義》（*Momentous Events, Vivid Memories: How Unforgettable Moments Help Us Understand the Meaning of Our Lives*）（哈佛大學出版社）一書中，撮要敘述了針對大學時代各種事件的記憶，所進行的研究；其中探討九月重要性的段落，始於第126頁。

26 **魔法城堡飯店：**有關這間飯店的敘述，一部分來自於本書兩位作者丹和奇普親自造訪的經驗，另一部分則取自奇普與戴倫・羅思的談話內容，他是魔法城堡飯店有限責任公司的

H. Booms）與瑪莉・史丹菲爾德・泰德洛（Mary Stanfield Tetreault）於一九九〇年發表的〈服務接觸：何謂有利與不利的事件〉（The Service Encounter: Diagnosing Favorable and Unfavorable Incidents）一文，刊於《行銷學雜誌》（*Journal of Marketing*）第五十四期，頁71-84。

44 **道格・迪思核磁共振室系列探險：**道格・迪思的核磁共振故事取自於他的TED演說，見http://www.youtube.com/watch?v=jajduxPD6H4，以及丹在二〇一六年七月訪問迪思的紀錄。「無需十分鐘，只要一分鐘就能讓小孩乖乖躺上平台」是引述他在訪談中的話，小男孩巴比和纜車那段話也是。其他話均引用自TED演說。一部分敘述係來自迪思提供的文件內容。百分之八十的統計數字和兒童醫院減少使用鎮靜劑，請見http://www.jsonline.com/business/by-turning-medical-scans-into-adventures-ge-eases-childrens-fears-b99647870z1-366161191.html。

49 **剛上國中的「置物櫃比賽」：**取自於奇普在二〇一六年十月與麥可・雷默的談話。

49 **致Mac OS 9的悼詞：**轉錄自http://www.youtube.com/watch?v=2Ya2nY12y3Q。

50 **勤業眾信的退休歡送會：**二〇一六年六月，丹參加了在華盛頓哥倫比亞特區舉辦的歡送會。

第三章　創造驚艷時刻

58 **奚斯戴爾高中的人性審判：**二〇一六年一月，丹與葛瑞格・

（*Management Science*）第六十卷第十期，頁2563-82，http://dx.doi.org/10.1287/mnsc.2014.1901

41 **最重要的生日：**見亞當・L・奧特（Adam L. Alter）與赫爾・E・賀思菲德（Hal E. Hershfield）於二〇一四年發表的〈每當邁入新的十年，人們更想尋求意義〉（People Search for Meaning When They Approach a New Decade in Chronological Age）一文，刊於《美國國家科學院院刊》（*PNAS*）第一一一卷，http://www.pnas.org/content/111/48/17066

42 **Fitbit手環：**這是作者丹的個人經驗，奇普還在努力累積哩數，以獲取無尾熊獎章。想知道更多Fitbit獎章的例子，見http://www.developgoodhabits.com/fitbit-badge-list/

43 **汽車租賃：**見埃里克・陶伯（Eric A. Taub）於二〇一六年十月二十七日刊登於《紐約時報》的〈承租人要注意，汽車租賃可能是最具約束力的契約〉（Let the Lessee Beware: Car Leases Can Be the Most Binding of Contracts）一文。網址：http://www.nytimes.com/2016/10/28/automobiles/let-the-lessee-beware-car-leases-can-be-the-most-binding-of-contracts.html

43 **美國山間醫療保健公司（Intermountain Healthcare）：**倫納德・L・貝里（Leonard Berry）、史考特・W・戴維思（Scott W. Davis）與裘蒂・魏爾梅（Jody Wilmet）於二〇一五年十月發表於《哈佛商業評論》的〈當顧客有壓力〉（When the Customer Is Stressed）一文。

44 **帶來正面感受的接觸，有四分之一始於服務失誤：**瑪莉・喬・比特納（Mary Jo Bitner）、博納・H・布姆斯（Bernard

式，讀這本書吧！

67 **「超越顧客的期望」：**丹於二〇一六年八月與倫・貝瑞（Len Berry）的電話訪談。

68 **顧客體驗，A計畫／B計畫：**顧客體驗調查可參見瑞克・沛里西（Rick Parrish）和哈利・曼寧（Harley Manning）、羅克撒娜・斯卓曼潔、蓋博拉・若伊雅（Gabriella Zoia）與瑞秋・畢瑞歐（Rachel Birrell）二〇一六年合寫的〈美國顧客體驗指數〉（The US Customer Experience Index）（2016，弗瑞司特）。顧客體驗指數（CX Index）是弗瑞司特研究顧問公司的主要業務之一。

70 **我們滿腦子想著問題和負面資訊：**羅伊・鮑邁斯特（R. F. Baumeister）、E・布萊茲拉夫司基（E. Bratslavsky）、C・芬柯諾爾（C. Finkenauer）、K・D・法思（K. D. Vohs）於二〇〇一年發表的〈壞比好更強大〉（Bad Is Stronger than Good）一文，刊於《普通心理學評論》期刊（*Review of General Psychology*）第五卷頁323-70。

71 **有關婚禮花費的註釋：**安卓・M・法蘭西斯（Andrew M. Francis）與修葛・M・麥厄倫（Hugo M. Mialon）於二〇一四年發表的〈「鑽石恆久遠」和其他童話故事：婚禮花費和婚姻長久之間的關係〉（'A Diamond Is Forever' and Other Fairy Tales: The Relationship Between Wedding Expenses and Marriage Duration）一文，出現於「社會科學研究網」（Social Science Research Network, SSRN）：https://papers.ssrn.com/sol3/papers2.cfm?abstract_id=2501480。我們會在後面數章討

喬敖斯、蘇珊・貝德芙、傑夫・吉珥伯，以及葛瑞格・蘭斯進行訪談，之後透過電子郵件往返，佐以他們提供的文件，再加上蘭斯在二〇〇九年十一月上奇普的課的資料畫面，拼湊出這則故事的樣貌。丹和奇普亦於二〇一六年十二月出席「人性審判」現場。

65 **三萬五千所高中：**見http://www2.ed.gov/about/offices/list/ovae/pi/hs/hsfacts.html。

66 **想法子問到雞尾酒的配方：**戴倫・羅思於二〇一五年六月接受奇普訪問時，談及此事。

67 **這種思考方式的唯一例外：**麥特・迪克森（Matt Dixon）、尼克・托曼（Nick Toman）與瑞克・德里西（Rick Delisi）合寫的《輕鬆無比的體驗》（*The Effortless Experience*）一書，既實用又機趣橫生，研究顧客支援的互動，彙整了九萬七千筆透過電話或網路的互動案例。（丹為該書寫序。）作者群發現「不管是體驗超出預期，或僅僅符合期望，顧客的忠誠度幾乎毫無分別。」他們還表示，「公司很容易嚴重低估光是滿足顧客期望所帶來的好處。」換句話說，假如有顧客打電話來抱怨信用卡問題或者斷訊，那麼他只希望盡快搞定問題，而不是想要「被取悅」。光是處理好問題，不要把電話轉給別人或讓他一再說同樣的話，就相當愉快了。這便是「大部分轉頭就忘記」裡算是好事的一種。所以，如果你的工作是用遠端方式（電話或網路）為客戶解決問題，先別管建立顛峰了。相反，專注於填平坑洞，也就是別做出惹惱顧客的事，像是延誤或互扔皮球。若想了解填平坑洞的實用方

81 **「令人愉快的驚奇」：**統計數字引自約翰・克羅特（John C. Crotts）與文森・馬尼尼（Vincent P. Magnini）於二〇一一年發表的〈建構顧客喜悅：驚奇是必要的嗎？〉（The Customer Delight Constrcut: Is Surprise Essential?），刊在《觀光學研究年報》（*Annals of Tourism Research*）第三十八卷第二期，頁719-22。塔妮亞・露娜與黎安・倫寧格於二〇一五年出版的《驚奇的力量：心理學家教你駕馭突發事件，利用驚喜打破單調的生活，點燃創意與生命力》（*Surprise: Embrace the Unpredictable and Engineer the Unexpected*）一書中亦有引用，頁137。

82 **Pret A Manger快餐店：**「我露出微笑」這句話引自麥特・瓦特金森（Matt Watkinson）於二〇一三年出版的《十項原則打造愉快的顧客體驗》（*The Ten Principles Behind Great Customer Experiences*），頁107。其他句子則引自下列網址：http://www.standard.co.uk/news/london/pret-a-manger-staff-give-free-coffee-to-their-favourite-customers-sandwish-chain-boss-reveals-10191611.html。

83 **美國西南航空的飛行安全廣播詞：**這幾句好笑的飛安廣播詞被雕刻在雲朵形狀的匾額上，掛在達拉斯總部的牆面上，旁邊是員工餐廳。一架波音737-800的標價是七千兩百萬美元，但航空公司不會照定價付。他們實際上付多少錢是高度機密，但有時難免有一、兩筆交易的金額不小心外洩。有位部落客引用近期航空公司財務報表裡面不易為人發現的數個例子，目前價格上看五千萬美元之譜：http://blog.seattlepi.

論「連結的時刻」。這群研究者還發現，邀請更多人出席婚禮，會減少分手的機率。

74 **尤金・歐凱利的《追逐日光：一位跨國企業總裁的最後禮物》**：Eugene O'Kelly and Andrew Postman (2005). *Chasing Daylight: How My Forthcoming Death Transformed My Life*. New York: McGraw-Hill; 中譯本由商周出版。

第四章　不必按腳本走

78 **長頸鹿喬西在麗思酒店：喬西的故事擷自美國赫芬頓郵報（*The Huffington Post*）**：http://www.huffingtonpost.com/chris-hurn/stuffed-giraffe-shows-wha_b_1524038.html。

79 腳本的概念：漢堡和生日派對的例子是摘自兩名心理學家羅傑・尚克（Roger C. Schank）與羅伯特・艾貝森（Robert P. Abelson）一九七七年出版的《腳本、計畫與知識》（*Scripts, Plans, and Knowledge*）一書，兩人在腳本影響力的研究上，居功厥偉。

81 **運用策略創造驚喜／「絕對命中的驚喜」**：我們想到先前出版的《創意黏力學》（*Made to Stick*）一書中曾提出相似論點。黏力學一書說明如何讓溝通效果更持久，並且探討在製造意外訊息的情境下，「噱頭驚喜」和「核心驚喜」有何不同。核心驚喜幫助人們注意到要傳達的主要訊息（不同於低俗笑話或噱頭，雖贏得注意卻毫不相干）。同樣地，我們在本章推薦採用強化個人目標的方式，顛覆常見的腳本，以「運用策略創造出驚喜」（如同麗思酒店的故事）。

已經售出三分之一。

91 **記憶突點：**杜拉琴・伯恩斯坦、大衛・魯賓（2004）。“Cultural Life Scripts Structure Recall from Autobiographical Memory,” *Memory & Cognition* 32(3): 427-42。哈蒙說的那段話係引自Claudia Hammond (2012). Time Warped: Unlocking the Mysteries of Time Percepion. Toronto: House of Anansi Press.

93 **怪球效應來自於凡妮・佩洛亞達思與大衛・伊葛門的研究（2007）：**“The Effect of Predictability on Subjective Duration,” *PLoS ONE* 2(11), http://journals.plos.org/plosone/article?id=10.1371/journal.pone.0001264。伊葛門在下面這篇部落格中說明怪球效應源自厭倦：http://blogs.nature.com/news/2011/11/on_stretching_time.html。

94 **當事態不確定時，「我們覺得最有活力」：**請見塔妮亞・露娜與黎安・倫寧格的《驚奇的力量》（*Surprise*）一書的導言，p. xx。

97 **案例診斷#2：**如何讓會議重現活力：這個場景是基於弗雷牧師和丹在二〇一六年七月某次的交談內容。

第五章　真相就在眼前，我們卻視而不見

104 **《英國醫學期刊》票選最重要的醫學里程碑：**Sarah Boseley (2007, January 19). “Sanitation YearsRated the Greatest Medical Advance in 150 Years,” http://www.theguardian.com/society/2007/jan/19/health.medicineandhealth3。

104 **大約十億人：**世界衛生組織，http://www.who.int/water_

com/aerospace/2009/07/01/how-much-is-a-shiny-new-boeing-737-worth-not-72-million/。奇普曾在二〇一六年為西南航空主持過工作坊。飛安廣播詞的分析，係由法蘭克・圖里、凱媞・伯恩頓和麥克・歐弗理，在二〇一六年八月至二〇一七年一月期間進行統計得到的數據。

85 創立多家企業的史卡特・貝克：丹曾於二〇一五年十月訪問史卡特・貝克。

86 **週六驚奇的例子：**二〇一六年三月問卷調查獲得的幾則回覆。

87 **威富集團「到外頭去」開會：**奇普於二〇一六年七月與史蒂芬・道爾進行訪談，並於同年七月、八月、十二月訪問余舜，因而得知這次開會的細節。實情是這樣的：威富集團付錢請奇普去公司發表演說，主持工作坊，奇普因而結識余舜，知道了這個故事。JanSport的背包故事出現於內部的「亮點」影片。（威富努力宣傳已經出現改變並產生「有亮點」情況，人們走到外面時，心裡便已產生認同並覺得對工作會有益處，恰與我們在《改變，好容易》（*Switch*）一書中的建議不謀而合。）

91 **十六億美元的價值：**道爾根據每一位專案負責人上呈給威富管理階層的業務影響報告中的預測數字，加總後估算的數值。這些預測數字大多過度樂觀，所以道爾和余舜的團隊採用保守的算法，只估算大部分商品前三年的營收，加起來超過十六億美元。他們也追蹤應用在市場上的點子所產生的營收；截至本書出版，這份十六億美元的預估收益組合，威富

第六章　自我覺察三步驟：頓悟、接納、成長

118 **麗・查德薇爾開了家烘焙坊：**丹於二〇一六年七月訪問麗・查德薇爾。感謝Pivot Planet的Brian Kurth代為引介。

120 **自我洞察的好處：**Rick Harrington and Donald A. Loffredo (2011). Insight, Rumination, and Self-Reflection as Predictors of Well-Being," *Journal of Psychology* 145(1). 感謝塔莎・歐里希的提點，我們才想到要查看這本書。如果你覺得這個概念有趣，應該翻閱塔莎針對自我洞察所寫的書：《深度洞察力：克服認知偏見，喚醒自我覺察，看清內在的自己，也了解別人如何看待你》，中譯本由時報出版。

121 **遠赴羅馬讀書：**二〇一五年十二月，兩名作者進行問卷調查獲得的回覆。

122 **反省或反芻：**見第五、六章引用的塔莎・歐里希的著作（列舉如上）。

122 **麥可・德寧的病患自殺：**丹於二〇一五年六月訪問德寧，翌年六月訪問瑞納，了解這個故事的始末。

125 **亨寧格的守夜禮布道：**亨寧格在二〇一六年三月提起此事，隔年一月我們跟他通了一封電子郵件，以了解故事的後續發展。

126 **高標準＋保證：**大衛・史考特・葉格等人的研究（2014），"Breaking the Cycle of Mistrust: Wise Interventions to Provide Critical Feedback Across the Racial Divide," *Journal of Experimental Psychology* 143(2) : 804-24.

128 **六標準差黑帶：**二〇一六年三月，我們透過道爾・菲爾普斯

sanitation_health/mdg1/en/。

105 **「比我家還棒」：**“Shit Matters,” video, http://www.youtube.com/watch?v=_NSwL1TCaoY#t=11 。

106 **世界上已有六十多個國家：**引自CLTS官網：http://www.clts-foundation.org/。

106 **一名CLTS的協調員抵達村子：**有關橫度整個村子的敘述，大部分是摘錄自CLTS的手冊，可於下列網址下載。其中一些有趣的文字，則來自於丹和卡爾在二〇一六年一月進行的訪談。Kamal Kar (2008). *Handbook on Community-Led Total Sanitation.* http://www.communityledtotalsanitation.org/sites/comunityledtotalsanitation.org/files/cltshandbook.pdf。

109 **從百分之三十四下降至百分之一：**隨地排泄比例下滑的數據取自CLTS的二〇一四至二〇一五年度報告，以及CLTS的「刺激行動力——亞洲篇」報告。

109 **「真相便赤裸裸地出現」：**引自丹與卡爾的訪談內容。

110 **史考特．戈斯理，微軟的Azure：**這則故事引自 http://fortune.com/microsoft-fortune-500-cloud-computing/。

112 **課程設計訓練班（CDI）：**丹於二〇一五年六月訪問麥可．帕摩，隔月去上CDI課程。諸位老師被引述的話是在工作坊上所說。丹也訪問了Christ（二〇一六年一月）和Lawrence（二〇一五年八月）。課程評估數據以及「飛躍性進步」的話是引自http://cte.virginia.edu/programs/course-design-institute/testimonials/。

第七章　表揚他人的成就

142 **凱拉・史露普，歌手：**丹在二〇一五年八月與二〇一六年一月，兩度採訪史露普，得知這個故事的始末。

145 **灰姑娘們與醜小鴨們：**蓋德・翟葉爾（2009），"Cinderellas and Ugly Ducklings: Positive Turning Points in Students' Educational Careers—Exploratory Evidence and A Future Agenda," *British Educational Research Journal* 35(3):351-70.

146 **四組相似的員工激勵研究：**卡洛琳・懷利（1997），"What Motivates Employees According to Over 40 Years of Motivation Surveys," *International Journal of Manpower* 18(3):263-80.

146 **人們離職的主因：**Bob Nelson (1997). *1501 Ways to Reward Employees. New York: Workman.*

147 **「褒獎專家」的忠告：**盧森斯與斯卡達斐濟（2009），"Provide Recognition for Performance Improvement," *Handbook of Principles of Organizational Behavior.* West Sussex: Wiley, pp. 239-52.

147 **整頓儲藏室／注意到一個錯誤：**這兩段話均引用自報名參加亞馬遜公司MTurk平台，以參與研究的一組人。

150 **凱司・瑞辛格，博士音響的耳機：**瑞辛格在二〇一六年一月與二〇一四年十月接受奇普的訪談，二〇一六年一月接受丹的訪談，以了解故事的始末。丹亦於二〇一六年一月訪問休斯。有意思的是，休斯是專業的壘球選手，甚至有列入名人堂，因此他被禁止加入業餘壘球聯盟，所以對於辦公室籌組球隊的事情一問三不知。

回覆的調查問卷，首次得知這個故事。同年八月，丹訪問了菲爾普斯與蘭潔妮・席尼文森，掌握了更多資訊。

131 **布蕾克利的Spanx內衣：**布蕾克利的故事，包括引用的話在內，大多取自於吉莉安・柔伊・席格的《勝利，並非事事順利：三十位典範人物不藏私的人生真心話》（天下雜誌），裡面專闢一章介紹她。事件的時間順序擷自 http://www/spanx.com/years-of-great-rears，至於「對『不』字逐漸免疫」，是二〇一六年三月，布蕾克利在*Inc.*雜誌舉辦的女性高峰會上，發表演說時曾說過的話，既風趣又具洞察力。http://www.inc.com/sara-blakely/how-spanx-founder-turned-5000-dollars-into-a-billion-dollar-undergarment-businesss.html。

136 **案例診斷＃3：**貓熊花園之屋：之所以取這個名字，是因為看到《華盛頓郵報》上某篇文章，分析了在美國開設中國餐廳的命名趨勢。幾名作者說：「美國人已經被制約，只要看到中國菜，就會覺得應該要取『黃金中國龍自助餐』這類名字。如果你打算開一間叫做『朵切斯特草地』的中國餐館，大概很難成功。」Roberto A. Ferdman and Chrsitopher Ingraham (2016, April 8), "We Analyzed the Names of Almost Every Chinese Restaurant in America. This Is What We Learned," Wonkblog, http://www.washingtonpost.com/news/wonk/wp/2016/04/08/we-analyzed-the-names-of-almost-every-chinese-restaurant-in-america-this-is-what-we-learned/?utm_term=.e32614cde10a。

第八章　創造更多的里程碑

158 **懶骨頭五公里慢跑計畫：**丹在二〇一六年五月採訪喬許・克拉克，同年七月與喬許的媽媽南西・葛理芬進行訪談。「令人恐懼的W5D3」出自某篇部落格貼文：http://pleasurenotpunishment.wordpress.com/2012/03/17/the-dreaded-w5d3/。

160 **已有數十萬人參加：**在IG上，#c25k的主題標籤已經出現在二十二萬五千則貼文中。http://www.instagram.com/explore.tags/c25k/?hl=en，搜尋日期是二〇一七年二月十日。

161 **「該死的惡龍」：**這句話引自 Steve Kamb (2016). *Level Up Your Life: How to Unlock Adventure and Happiness by Becoming the Hero of Your Own Story.* New York : Rodale, p. 65.

170 **史考特・艾多讀美國總統傳記：**丹於二〇一六年七月採訪艾多，取得這個故事。

172 **九百萬名馬拉松跑者：**Eric J. Allen, Patricia M. Dechow, Devin G. Pope, and George Wu (2014, July). "Reference-Dependent Preferences : Evidence from Marathon Runners," NBER Working Paper No. 20343.

173 **卡爾・紐波特，「非完成不可的執著」：**引自部落格文章：http://www/scotthyoung.com/blog/2007/10/18/the-art-of-the-finish-how-to-go-from-busy-to-accomplished/。

第九章　鍛鍊勇氣

174 **納許維爾市的靜坐活動：**這份個案研究改編自美國公共廣

151 **DonorsChoose公益募款組織：**丹於二〇一六年七月採訪阿莫德和佩思，並於二〇一六年五月及九月與茱莉亞・普利安托進行訪談。Barbara Cvenic於二〇一六年十月提供資料，證明感謝信對於後續捐款有正面效果。

153 **發出近一百萬封感謝信：**二〇一六年八月，茱莉亞・普利安托透過電子郵件表示：「我們上一個財政年度總共撥出九萬四百二十二通電話，而每一個信封平均放入十一封感謝信，這麼一相乘，我們寄出了九十九萬四千六百四十二封感謝信。」

155 **塞利格曼提議練習寫感恩信：**這個練習的版本取自http://www.brainpickings.org/2014/02/18/martin-seligman-gratitude-visit-three-blessings/。

155 **格萊思曼寫給母親的信：**格萊思曼側錄了兩人在網路上的交流，所以你可以看到雙方在這次訪談中感受到的種種情緒。從位於http://www.youtube.com/watch?v=oPuS7SITqgY的影片轉錄，搜尋日期是二〇一六年七月十七日。其他事實和那句「幾乎天下無敵」的話來自於丹和格萊思曼在二〇一六年七月進行的訪談。

156 **進行感恩拜訪的受試者，一個月後仍然更快樂：**M. E. P. Seligman, T. A. Steen, N. Park, and C. Peterson (2005). “Positive Psychology Progress: Empirical Validation of Interventions,” *American Psychologist* 60:410-21.

走」一句引自 http://www.livescience.com/20468-spider-phobia-cured-therapy.html 。

182 **實踐意圖：**彼得．高維查（1999）. “Implementation Intentions: Strong Effects of Simple Plans,” *American Psychologist* 54: 493-503.

183 **表達價值觀：**背景資料取自二〇一〇年六月與丹進行的訪談。詹玫玲博士所說的話引自她網站上的Q&A：http://www.givingvoicetovoicesthebook.com/about/。

184 **猶太教拉比的角色扮演：**這份個案研究引自保羅．范提洛（2010），“Rabbis in Training Receive Lessons in Real-Life Trauma,” New York Times, http://nytimes.com/2010/02/10/nyregion/10acting.html，以及丹在二〇一七年六月與「拉比」梅納罕．潘訥的訪談。感謝「拉比」那夫塔里．拉凡達提醒我們有這則故事。

185 **反毒教育（D. A. R. E.）的失敗：**廣為流傳的潘巍博士的後設分析敘述可上 http://www.scientificamerican.com/article/why-just-say-no-doesnt-work/。皮姆．屈伯斯的評論 (2002) 見 “Effective Ingredients of School-Based Drug Prevention Programs: A Systematic Review,” *Addictive Behaviors* 27: 1012.

186 **提出困難的問題：**作者在二〇一六年十一月進行調查所獲得的回覆。

186 **85％的員工覺得無法提出問題：**Frances J. Milliken (2003). “An Exploratory Study of Employee Silence: Issues That Employees Don’t Communicate Upward and Why,” http://

播電視公司製作的優質系列節目*Eyes on the Prize: America's Civil Rights Years* (1995)，其中一集「坐牢也不怕」。這一系列節目，包括這一集，都可以在Youtube上找到。「坐牢也不怕」這集開始後約五分鐘，便出現勞森的工作坊畫面。泰勒・布蘭奇的話，是引述自他針對美國民權運動發表的說 法，*Parting the Waters: America in the King Years 1954-63*. New York: Simon & Schuster, p. 286. 遭逮捕的數據取自第290頁，而勞森被引述的「嚴格紀律和訓練有其必要」的說法取自史帝夫・約克（Steve York）製作、探討非暴力行為的策略的「更有力的力量」紀錄片（A Force More Powerful），由非暴力衝突國際中心（International Center on Nonviolent Conflict）於 一 九 九 九 年 發 行，http://www.youtube.com/watch?v=_CGlnjfJvHg, 搜尋日期為二〇一七年三月二日。

179 **瑞奇曼針對拆除簡易爆炸裝置的研究：**S. J. Rachman (1982, March). "Development of Courage in Military Personnel in Training and Performance in Combat Situations," U. S. Army Research Report 1338.

180 **克服對蜘蛛的恐懼：**第一、三、七、九個步驟引述自Jayson L. Mystkowski 等（2006）. "Mental Reinstatement of Context and Return of Fear in Spider-Fearful Participants," *Behavior Therapy* 37(1): 49-60. 兩小時的統計是出自Katherina K. Hauner等(2012). "Exposure Therapy Triggers Lasting Reorganization of Neural Fear Processing," Proceedings of the National Academy of Sciences 109(23): 9203-08.「因為怕蜘蛛，不敢在草地上行

Lofgren 等 (2007). "Marketing the Health Care Experience: Eight Steps to Infuse Brand Essence into Your Organization," Health Marketing Quarterly 23(3): p121.

204 **笑是社交反應：**普羅文研究的描述和評論摘錄自他為英國《衛報》寫的一篇文章：http://www/theguardian.com/books/2012/sep/02/why-we-laugh-psychology-provine.

206 **相當痛苦與較不痛苦的儀式：**狄米崔・賽格拉陀斯等（2013），"Extreme Rituals Promote Prosociality," *Psychological Science* 24: 1602. 如果是匿名奉獻，研究團隊是從何得知各人的奉獻情況？他們把信封和問卷都編上號碼，這樣就可以讓參加者保持匿名狀態，卻又對得起來。有關「觀察他人承受巨大痛苦」的結果，見Ronald Fischer與賽格拉陀斯（2014），"Extreme Rituals As Social Technologies," *Journal of Cognition and Culture* 14: 345-55. 陌生人在冰水中進行挑揀，見Brock Bastian等 (2014). "Pain as Social Glue: Shared Pain Increases Cooperation," *Psychological Science* 25(11): 2079-85.

208 **使命感（懷抱某種目的）／熱情：**使命感與熱情的資料取自韓森新書的初稿：《高績效心智：全新聰明工作學，讓你成為最厲害的1%》。

211 **「某種神奇之物……等著被發現。」：**瑞茲內斯基說的這句話係引自安琪拉・達克沃斯的《恆毅力：人生成功的究極能力》。

211 **救生員研究：**Adam M. Grant (2008). "The Significance of Task Significance: Job Performance Effects, Relational Mechanisms,

w4.stern.nyu.edu/emplibrary/Milliken.Frances.pdf.

187 **「犯錯的勇敢傢伙」研究：**查爾蘭・納梅與辛西亞・喬爾思 (1988). "Modeling Courage: The Role of Dissent in Fostering Independence," *European Journal of Social Psyhcology* 18: 275-80.

191 **案例診斷＃4——葛史密斯的會議程序：**Larissa McFarquhar (2009/11/21). "The Better Boss," *New Yorker.*

第十章　創造共享的意義

200 **夏波醫療保健公司的全體員工會議：**這個故事乃透過多次訪談建立起來：丹在二〇一六年九月、二〇一七年二月與索妮亞・羅茲進行訪談，奇普於二〇一六年九月、二〇一六年六月分別訪問了麥可・墨菲、Lynn Skoczelas，後者安排了半日的焦點團體訪談，好讓奇普與二十餘名夏波內部員工，談談這次夏波轉型的經驗。詳細背景資料可參見羅茲的簡報，"Making Health Care Better: The Story of the Sharp Experience," http://www.oumedicine.com/docs/excel/sharpexperience--sonia-rhodes-(4-29-11).pdf?sfvrsn=2，搜尋日期為二〇一七年三月七日。那句「全世界最棒的醫療保健體系」便是引自這份簡報。這則故事也引用了羅茲與Gary Adamson二〇〇九年出版的書：*The Complete Guide to Transforming the Patient Experience.* New York: HealthLeaders Media.

203 **病人滿意度得分攀升：**此處關於病患和醫生的滿意度、醫院收入等等，均為申請美國國家品質獎的文件內容，D. G.

為何要從事這項研究，以及研究未來的走向，而這篇論文正是他提出的答案。

224 **幫助腎上腺皮質醇正常分泌：**這項發現摘自 http://ncbi.nlm.nih.gov/pubmed/26015413 。

225 **蓋洛普最有助於揭曉真相的六個提問：**Marcus Buckingham and Curt Coffman (1999)。《首先，打破成規——八萬名傑出經理人的共通特質》。

226 **皮薩克娜諾的弟弟強尼：**除非另外註明，皮薩克娜諾的故事大多來自於她二〇一六年八月與丹的訪談。「他們就在他面前大聲談論他（的病情）」和「我應該過不了這一關」兩句話引自 http://theconversation-project.org/about/maureen-bisognano/。「對你來說，重要的是什麼？」的問題引自麥可・J・貝瑞與蘇珊・艾格曼・利維登的"Shared Decision Making—The Pinnacle of Patient-Centered Care," *New England Journal of Medicine* 366: 780-81. 實情是，我們的前一本書《改變，好容易》中談及醫療照護改善研究機構（IHI）另一個面向的工作，之後IHI付費邀請丹去發表主題演說，這才結識了皮薩克娜諾，得知這個故事。

228 **肯卓有自閉症：**這則故事引自丹和珍・羅潔思於二〇一七年二月的交談內容。

231 **客服中心「解決包袱」的方式：**解決包袱的數據引自公司的執行董事會的研究紀錄，是在二〇一六年八月，丹致電麥特・迪克森與Eric Braun時談到的。

233 **公車站的高／低親密度交談：**Z. Rubin (1974). "Lovers and

and Boundary Conditions," *Journal of Applied Psychology* 93(1): 108-24.

213 **醫院工友打擊病人的孤寂：**瑞茲內斯基與Nicholoas LoBuglio, Jane E. Dutton, and Justin M. Berg (2013). "Job-Crafting and Cultivating Positive Meaning and Identity in Work," *Advances in Positive Organizational Psychology* 1: 281-302.

214 **夏波醫院的寶寶派對：**奇普在二〇一六年六月進行一次團體訪談，拜登斯也有參加訪談，故得知這個故事。

第十一章　建立深刻的連結

215 **扭轉史丹頓小學的局面：**二〇一六年一月，丹訪問史丹頓小學的蘇珊・史蒂文生、卡莉・約罕・費雪蘿和梅莉莎・布萊特，也與華府公立學校學區的安娜・葵格莉進行訪談。史蒂文生也提供文件。停學與長期曠課的數據由弗藍波研基金會提供，並經華府公立學校學區的葵格莉核實。長期曠課的定義亦由該學區提供。之後幾年表現的數據見弗藍波研基金會的檔案，由費雪蘿或該學區確認，其中閱讀和數學成績擷取自該學區的資料：http://assets.documentcloud.org/documents/1238775/2014-dc-cas-scores-by-school.pdf。

223 **樂意回應：**哈里・萊斯（2007），"Steps Toward the Ripening of Relationship Science," *Personall Relationships* 14: 1-23. 當萊斯獲得某心理學協會頒發的「傑出學者」獎項——專門頒給正在研究親密關係的學者——這篇論文也贏得了注意。這類的表彰使他得以在學術會議上，有機會在研究同儕面前說明

250 **朱莉・卡司登：**引自丹於二〇一五年六月與卡司登的訪談。

251 **蘇列許・密思崔、泰伯特夫婦、南西・夏芙露：**二〇一六年八月初寄出電子報後，便在八至九月間陸續收到回覆，搜集到這些故事。

254 **溫蒂看到雪：**故事引自二〇一六年十月，丹與達西・丹尼爾、潔西卡・馬希和寇芮・弗格蒂等人的訪談，以及達西的部落格文章 http://bravefragilewarriors.wordpress.com/2016/04/03/snow-day-in-the-hospital/。

Other Strangers: The Development of Intimacy in Encounters and Relationships: Experimental studies of self-disclosure between strangers at bus stops and in airport departure lounges can provide clues about the development of intimate relationships," *American Scientist* 62(2): 182-90.

234 **阿圖・亞隆的三十六個問題：**A. Aron 等(1997). "The Experimental Generation of Interpersonal Closeness: A Procedure and Some Preliminary Findings," *Personality and Social Psychology Bulletin* 23: 363-77.

236 **麥可・埃隆的辦公室交談：**引自Elam二〇一六年三月針對某調查的回覆，以及同年八月的電子郵件往來紀錄。

240 **案例診斷＃5：**如何戰勝穀倉心態？維修技師的經驗並非虛構，你不妨請個廠商來把這份經驗帶到公司以外的地方。丹親眼見識過，滿不賴的。欲進一步了解，見http://www.bobparker.ca/pitcrewblog/。「關鍵對話」一詞引自實用又受歡迎的《開口就說對話：如何在利害攸關、意見相左或情緒失控的關鍵時刻化險為夷？》，作者是凱瑞・派特森、喬瑟夫・葛瑞尼、朗恩・麥米倫，以及艾爾・史威茨勒（2002）。

第十二章　讓平凡時刻脫穎而出

246 **麻省理工學院的錄取包裹：**http://toastable.com/2010/lets-get-personal/。

248 **臨終者的遺憾：**http://www.bronnieware.com/regrets-of-the-dying/。

CFH 0377

關鍵時刻：創造人生1%的完美瞬間，取代99%的平淡時刻

作　者—奇普・希思、丹・希思
譯　者—王敏雯
副 主 編—郭香君
責任企劃—張瑋之
特約編輯—劉佳倩
封面設計—陳文德
編輯總監—蘇清霖
董 事 長—趙政岷
出 版 者—時報文化出版企業股份有限公司
108019台北市和平西路三段二四〇號四樓
發行專線—（〇二）二三〇六—六八四二
讀者服務專線—〇八〇〇—二三一—七〇五
（〇二）二三〇四—七一〇三
讀者服務傳真—（〇二）二三〇四—六八五八
郵撥—一九三四四七二四時報文化出版公司
信箱—10899臺北華江橋郵局第九九信箱
時報悅讀網—http://www.readingtimes.com.tw
綠活線臉書—https://www.facebook.com/readingtimesgreenlife
法律顧問—理律法律事務所　陳長文律師、李念祖律師
印　刷—勁達印刷有限公司
初版一刷—二〇一九年九月二十日
初版四刷—二〇二三年十一月十六日
定　價—新台幣三八〇元

時報文化出版公司成立於一九七五年，
並於一九九九年股票上櫃公開發行，於二〇〇八年脫離中時集團非屬旺中，
以「尊重智慧與創意的文化事業」為信念。

關鍵時刻：創造人生1%的完美瞬間,取代99%的平淡時刻 / 奇普・希思（Chip Heath）, 丹・希思（Dan Heath）著；王敏雯譯. -- 初版. -- 臺北市：時報文化, 2019.09
面；　公分
譯自：The power of moments : why certain experiences have extraordinary impact
ISBN 978-957-13-7936-4（平裝）

1.成功法　2.生活指導

177.2　　108014031

ISBN 978-957-13-7936-4
Printed in Taiwan